Steffi Seefeld

Das Potential der sozialpsychologischen Paar- und Beziehungsforschung für das Kundenbeziehungsmanagement

Bachelor + Master
Publishing

Seefeld, Steffi: Das Potential der sozialpsychologischen Paar- und Beziehungsforschung für das Kundenbeziehungsmanagement, Hamburg, Bachelor + Master Publishing 2013
Originaltitel der Abschlussarbeit: Das Potential der sozialpsychologischen Paar- und Beziehungsforschung für das Kundenbeziehungsmanagement

Buch-ISBN: 978-3-95549-131-4
PDF-eBook-ISBN: 978-3-95549-631-9
Druck/Herstellung: Bachelor + Master Publishing, Hamburg, 2013
Zugl. Friedrich-Alexander-Universität Erlangen-Nürnberg, Erlangen-Nürnberg, Deutschland, Bachelorarbeit, 2011

Bibliografische Information der Deutschen Nationalbibliothek:
Die Deutsche Nationalbibliothek verzeichnet diese Publikation in der Deutschen Nationalbibliografie; detaillierte bibliografische Daten sind im Internet über http://dnb.d-nb.de abrufbar.

© Bachelor + Master Publishing, Imprint der Diplomica Verlag GmbH
Hermannstal 119k, 22119 Hamburg
http://www.diplomica-verlag.de, Hamburg 2013
Printed in Germany

Abstract

Für viele Kunden nimmt die Bedeutung an Serviceleistung und Betreuung der Unternehmen stetig zu. Ihnen geht es also nicht mehr nur um das Produkt, sondern zunehmend um die Beziehung zum Unternehmen. Wissenschaftler nutzen deshalb Erkenntnisse aus Untersuchungen der zwischenmenschlichen Beziehungen und versuchen diese auf die strategischen Maßnahmen für Kundenbeziehungen anzuwenden. In dieser Arbeit werden die beiden Forschungsgebiete, die sozialpsychologische Paar- und Beziehungsforschung und das Kundenbeziehungsmanagement, in jeweils drei kongruente Bereiche aufgeteilt, um im zweiten Teil Parallelen ziehen und Potentiale entdecken zu können. Das Ergebnis dieser Arbeit zeigt, dass insbesondere die Relevanz von Kommunikation, Zufriedenheit, Vertrauen, physischer Attraktivität sowie die Dauer einer interpersonellen Beziehung auf eine Kundenbeziehung adaptierbar sind. Weiteres Potential steckt in den Erkenntnissen der unterschiedlichen Anreize für Mann und Frau, sowie den Machtverhältnissen und unterschiedlichen Arten des Verzeihens. Ein Fazit sowie Implikationen für Forschung und Praxis runden diese Arbeit ab.

Inhaltsverzeichnis

Abkürzungsverzeichnis

bspw. = beispielsweise

bzgl. = bezüglich

Hrsg. = Herausgeber

S. = Seite

sog. = sogenannte

u.a. = unter anderem

vgl. = vergleiche

vs. = versus

Abbildungsverzeichnis

Tabellenverzeichnis

1.Einleitung

1.1. Relevanz der Thematik

In der Wirtschaft und auf den Märkten herrscht ein kontinuierlicher Wandel. Die Befriedigung allgemeiner Kundenbedürfnisse wird stetig problematischer (vgl. Bruhn, 2009, S. 1). Den Unternehmen werden durch die fortschrittliche Entwicklung der Kommunikationstechnologie neue Arten und Möglichkeiten, den Kunden länger und profitabler zu binden, geboten (vgl. Sun, 2006). Eine neue Herausforderung stellt das Lösen vom traditionellen Denken und das Fokussieren auf die Kundenbeziehung dar. Homburg und Krohmer (2008, S. 17) fanden ebenfalls heraus, dass „parallel zur Betonung der marktorientierten Unternehmensführung [...] die Kundenbeziehung als Betrachtungsobjekt stärker in den Mittelpunkt [rückt]".

Das Kundenbeziehungsmanagement wendet sich vom Transaktionsmarketing entsprechend ab und hin zum Beziehungsmarketing (vgl. Grönroos, 1994). Das Transaktionsmarketing fokussiert sich nur auf den Transaktionsvorgang, somit einen kurzfristigen Zeitraum. Das Beziehungsmarketing betrachtet hingegen die gesamte Kundenbeziehung über einen langen Zeitraum.

Die dargelegten Ausführungen verdeutlichen die Relevanz der Thematik, was es sinnvoll erscheinen lässt, sich ausführlicher mit diesem Themenbereich auseinanderzusetzen.

1.2. Problemstellung

Van Treeck (2011, S. 52) hat herausgefunden, dass Kunden ihre Beziehung zu Marken, Produkten und Anbietern als zwischenmenschliche Beziehung wahrnehmen können. Barlow und Møller (2003, S. 13) meinen, dass sich „[der Begriff Kunde] sogar auf Freunde und Familienmitglieder anwenden lässt". Diese Erkenntnisse bieten der Forschung eine neue Lücke, in der viel Potential steckt.

An diesem interessanten Ansatz von van Treeck (2011) angelehnt, sollen in dieser Arbeit folgende Fragen beantwortet werden:

1. Welche Faktoren beeinflussen das Kundenbeziehungsmanagement?
2. Durch welche Elemente wird die interpersonelle Beziehung ausgemacht?
3. Gibt es Parallelen zwischen den Faktoren der Kundenbeziehung und denen der sozialpsychologischen Beziehungsforschung?
4. Welche Elemente aus der Sozialpsychologie lassen sich zusätzlich auf das Kundenbeziehungsmanagement transformieren?

1.3. Gang der Arbeit

Diese Arbeit untergliedert sich in fünf Kapitel, in denen die vier Forschungsfragen der Reihe nach beantwortet werden. Nach einleitenden Worten bzgl. Relevanz der Thematik, Problemstellung und Struktur der Arbeit folgt ein Abschnitt, in dem ein theoretischer und ein konzeptioneller Bezugsrahmen gelegt wird. An den Literaturüberblick des Kundenbeziehungsmanagements schließt eine Übersicht der Ergebnisse aus der sozialpsychologischen Paar- und Beziehungsforschung an. Daraufhin werden bisherige Adaptionen aus dem psychologischen auf den ökonomischen Bereich beleuchtet. In einem nächsten Schritt betrachtet diese Arbeit Ideen für eine weitere Nutzung dieses Potentials für das Kundenbeziehungsmanagement. Die Arbeit schließt mit einem Fazit und Implikationen für Forschung und Praxis.

2. Theoretische und konzeptionelle Grundlagen

2.1. Kundenbeziehungsmanagement

2.1.1. Kundenakquisition

Im Bereich des Kundenbeziehungsmanagements ist es wichtig, die Teilbereiche wie folgt voneinander abzugrenzen: Kundenakquise, Kundenbindung und Kundenabwanderung/Kundenrückgewinnung (vgl. Bruhn, 2009, S. 60; Reinartz, Krafft & Hoyer, 2004).

Die Kundenakquise richtet sich an potentielle Kunden. Bei der Neukundenfindung liegt der Schwerpunkt auf den folgenden Aktivitäten: Das Interesse der Kunden soll geweckt, der Bekanntheitsgrad der Marke gesteigert sowie das Image positiv gefördert werden (vgl. Bruhn, 2009, S. 132). Das Telefon, die Printmedien, die Radiowerbung und das Eventmarketing stellen die klassischen Akquisitionsinstrumente dar (vgl. Fink, 2008, S. 13). Da mit der Zeit die Nähe zum Kunden stärker in den Vordergrund rückt (vgl. Kleinaltenkamp, Griese & Klein, 2008, S. 40), bewegt sich die Konzentration hin zur Word-of-Mouth Kommunikation (vgl. Villanueva, Yoo & Hanssens, 2008, S. 48). Die Unternehmen verfolgen mit diesen Maßnahmen der Kundenakquise in der Regel unterschiedliche Ziele. Diese können die Erweiterung und zusätzlich auch die Verbesserung der Profitabilität des Kundenstammes, die Kompensation der Kundenverluste sowie das Ausbauen des Markanteiles sein (vgl. Bruhn, 2009, S. 132).

Sobald diese Ziele erreicht, die potentiellen Kunden also zu Kunden des Unternehmens geworden sind, beschäftigt sich das Kundenbeziehungsmanagement mit der Kundenbindung.

2.1.2. Kundenbindung

Das Kundenbindungsmanagement richtet sich an die Stärkung der bisherigen Beziehung. Hierbei geht es in erster Linie um die psychologischen und die verhaltensbezogenen Merkmale, denn Kundenzufriedenheit, Bindungsqualität, Kundenbeziehungsdauer, Wiederkaufsrate und Word-of-Mouth Kommunikation stehen im Mittelpunkt der Kundenbindungsstrategie (vgl. Sun, 2006). Die Unternehmen versuchen demnach, mit Hilfe von bestimmten Maßnahmen eine positive Qualitätswahrnehmung, eine hohe Kundenzufriedenheit und ein Commitment bei den Kunden hervorzurufen. Die Kundzufriedenheit verkörpert dabei eine unentbehrliche Substanz einer Kundenbeziehung (vgl. Homburg & Krohmer, 2009a, S. 43).

Gleichzeitig ist die Zufriedenheit auch die Grundvoraussetzung für die Kundenloyalität (vgl. Chandrashekaran, Rotte, Tax & Grewal, 2007). Sie spiegelt sich in dem Wiederkaufsverhalten der Kunden sowie in der Bereitschaft zu Zusatzkäufen und zu Weiterempfehlungen wieder (vgl. Homburg & Krohmer, 2009a, S. 45). Das Kundenbindungsmanagement ist folglich äußerst bedeutsam für Unternehmen. Schwindet die Kundenloyalität, besteht die Gefahr der Abwanderung.

2.1.3. Kundenabwanderung und -rückgewinnung

Vielen Unternehmen ist diese Gefahr und demnach die hohe Relevanz des Kundenrückge-winnungsmanagements allerdings nicht bewusst (vgl. Homburg & Fürst, 2007, S. 11). Der Prozess des Rückgewinnungsmanagements beginnt mit dem Beschwerdemanagement.

Während der Kundenrückgewinnungsphase liegt die Konzentration auf den abwanderungsge-fährdeten Kunden sowie auf den Maßnahmen zur Wiederherstellung von Beziehungen von bereits abgewanderten Kunden (vgl. Bruhn, 2009, S. 136-137; Thomas, Blattberg & Fox, 2004). Um das zu erreichen, zielt das Rückgewinnungsmanagement auf eine bessere Quali-tätswahrnehmung und ein verbessertes Image. Auf diese Weise soll das Interesse in den ehemaligen Kunden erneut geweckt werden. Damit können die Unternehmensziele, wie z.B. das Senken der hohen Wechselrate von profitablen Kunden, die Umsatzstabilisierung, die Rückgewinnung von Kunden durch Bestätigung und Überarbeitung der Mängel sowie die Verhinderung der negativen Word-of-Mouth Kommunikation abgewanderter Kunden erreicht werden (vgl. Bruhn, 2009, S. 137).

Sofern ein Unternehmen in jeden dieser drei Bereiche, also Kundenakquise, Kundenbindung und Kundenabwanderung bzw. Kundenrückgewinnung, investiert, gelingt es, das Bezie-hungsmarketing ausführlich zu gestalten. Dem steht die Beziehungsforschung sehr nahe, auf die im folgenden Kapitel genauer eingegangen wird.

2.2. Sozialwissenschaftliche Paar- und Beziehungsforschung

2.2.1. Beziehungsinitiierung

Die sozialwissenschaftliche Paar- und Beziehungsforschung lässt sich, ebenso wie das Kundenbeziehungsmanagement, in drei Bereiche aufgliedern: Beziehungsinitiierung, Bezie-hungsintensivierung und Beziehungsabbruch bzw. Beziehungswiederaufnahme.

Die Phase, in der sich Menschen kennen lernen, wird Beziehungsinitiierung genannt. Diese kann in drei Arten von Beziehungen unterschieden werden: Freundschaft, romantische Bezie-hung und Ehe. In der Initiierungsphase jeder dieser drei Beziehungsarten kommt es auf die eige-nen Fähigkeiten, Emotionen und Ziele sowie die des potentiellen Partners an. Bedeutenden Ein-fluss auf das Kennenlernen haben außerdem die Situationsbedingungen und temporäre Verän-derungen (vgl. Leone & Hawkins, 2006). Dazu gehören das Flirten und der erste Small-Talk (vgl. Gramm 1995, S. 47-48). Das gemeinsame Ziel, dass die Personen in der Phase der Initiierung verfolgen, ist ein dauerhaftes Glück (vgl. Witte & Putz, 2003). In jeglicher der bekannten drei Arten wollen beide eine Beziehung die glücklich macht und gefühlt von langer Dauer ist. Sind sich beide über dieses Ziel einig, begeben sie sich in die Phase der Beziehungsintensivierung.

2.2.2. Beziehungsintensivierung

Laut Djikic und Oatley (2004, S. 200) ist für die Menschheit das Erhalten und das Intensivieren von Beziehungen lebensnotwendig. Leone und Hawkins (2006, S. 739) bestätigen das ebenso und behaupten, dass die Erhaltung von intimen Bindungen ein Grundmotiv der Menschen sei. Die Sicherheit verkörpert die Basis einer jeden Beziehung (vgl. Wölfer, 2003, S. 2). Darauf aufbauend liegt der Fokus der Beziehungsintensivierung auf unterschiedlichen Verhaltensweisen, wie bspw. die Art und Weise der Kommunikation und der Konfliktlösung. Diese Verhaltensweisen beeinflussen direkt die Beziehungsqualität (vgl. Dindia & Baxter, 1987, S. 143). Mit der Qualität ist an dieser Stelle die Zufriedenheit der Partner oder Freunde gemeint. Diese wird jedoch nicht nur von den Verhaltensweisen der Partner beeinflusst, sondern ebenfalls von externen Faktoren. Bei den romantischen Beziehungen können diese z.B. die Erfahrungen aus vorherigen Beziehungen (vgl. Metts, Cupach & Bejlovec, 1989, S. 259) und die ständig bestehenden Alternativen (vgl. Battagalia et al., 1998, S. 830) sein. Bei freundschaftlichen Bindungen ist nicht nur die genannte Qualität von Bedeutung, sondern ebenso die Quantität (vgl. Hays, 1984, S. 92-93).

Sobald die Erwartungen und Ziele beider Parteien einer interpersonellen Beziehung auseinander gehen, besteht die Gefahr, dass die Beziehung scheitert.

2.2.3. Beziehungsabbruch und -wiederaufnahme

Laut der Bundeszentrale für politische Bildung steigt die Scheidungsrate der Ehen stetig an. Im Jahr 2009 lag die Scheidungsrate bei der Hälfte der Eheschließungsrate (vgl. Statistisches Bundesamt Deutschland, 2011). Gründe können dafür in den veränderten Ansichten der Gesellschaft liegen. Laut Wölfer (2003, S. 2) hat sich das „Verständnis von Ehe […] langsam von der unauflöslichen Institution, die die soziale Ordnung und die finanzielle Versorgung der Beteiligten sichert, hin zur Ehe als Partnerschaft, in der persönliche Erwartungen Erfüllung finden sollen […]" gewandelt. In der Paar- und Beziehungsforschung zählt der Bereich des Beziehungsabbruches zu einem der umfangreichsten Gebiete. Zum einen werden im Rahmen dieser Forschung Gründe für den Abbruch einer interpersonellen Beziehung ermittelt. Zum anderen erfolgt eine Untersuchung des Wohlergehens der Betroffenen während des Trennungsprozesses und danach. Außerdem werden unterschiedliche Verhaltensweisen beim Verzeihen und Vergeben, also bei der Beziehungswiederaufnahme, analysiert (vgl. Hui, Lau, Tsang & Pak, 2011).

An diesem Punkt der Arbeit sind nun die Grundlagen des Kundenbeziehungsmanagements und der sozialpsychologischen Paar- und Beziehungsforschung gelegt. Anschließend wird zu jedem dieser Teilbereiche, beginnend mit der Kundenakquise, ein Überblick über die bereits vorhandene Literatur gegeben.

3. Forschungsstand und relevante Studien

3.1. Kundenbeziehungsmanagement

3.1.1. Kundenakquisition

In dieser Arbeit wird die Phase der Kundenakquise unter sechs Aspekten betrachtet (vgl. Tabelle 1). Dazu gehören die Motive, die die Parteien haben, um eine Geschäftsbeziehung einzugehen und die bestehenden Eindrücke, die ein Konsument von einem Unternehmen oder einer Institution bereits hat. Außerdem spielen die Kommunikation zwischen beiden Parteien, die äußeren Einflüsse, die die Kundenakquise beeinträchtigen können, die positiven Auswirkungen für die Unternehmen beim Einsatz einer strategischen Kundenakquise, sowie die selektive Auswahl von potentiellen Kunden eine wichtige Rolle.

Kriterien	Zentrale Konzepte	Autor
Motive	Kosten und Nutzen	Grayson 2007; Rams 2001; March/Simon 1976
Eindruck	Resistenz des schlechten Eindrucks	Muthukrishnan/Chattopadhyay 2007
	Intrinsische Präferenzen	Musalem/Joshi 2009
Kommunikation	Word-of-Mouth Kampagnen	Kumar/Petersen/Leone 2010; Villanueva/Yoo/Hanssens 2008; Bruhn 2009; Wangenheim/Bayón 2007
	Promotion-Aktionen	Lewis 2006a; Lewis 2006b
Äußere Einflüsse	Aktuelle Marktsituation	Fruchter/ Zhang 2004; Voss, G.B./ Voss, Z.G. 2008
	Emotionale Ansprache	Kroeber- Riel/Weinberg 2009
Positive Auswirkung	Verbesserung der Unternehmensperformance	Ang/Buttle 2006; Reinartz/Krafft/Hoyer 2004; Becker/Greve/Albers 2009
	Positive Korrelation zwischen Dauer der Akquise und Kundenbeziehung	Schweidel/ Fader/Bradlow 2008
Auswahl treffen	Adverse Selektion	Cao/Gruca 2005

Tabelle 1: Kriterien der Kundenakquisition

Bzgl. der Motive gibt es eine entscheidende Theorie, die 1967 von March und Simon aufgestellt worden ist: Die Anreiz-Beitrags-Theorie. Diese besagt, dass Kunden und Unternehmen jeweils auf einen Anreiz hin einen Beitrag leisten. So stellt für den Kunden das Geld den Beitrag dar und das Gut oder eine Dienstleistung ist der Anreiz dafür. Analog dazu ist für das Unternehmen das Geld der Anreiz und das Produkt der Beitrag. Der Saldo aus den empfundenen Anreizen und geleisteten Beiträgen sollte positiv sein. Nur so kann eine zufriedenstellende Kundenbeziehung aufgebaut werden. (vgl. Rams, 2001). Anreize könnten ebenfalls als Nutzen und Beiträge als Kosten angesehen werden. Der Nutzen stellt damit ein eindeutiges Motiv einer Geschäfts- und Kundenbeziehung dar (vgl. Grayson, 2007; March & Simon, 1976; Rams, 2001).

Der zweite Aspekt, unter dem die Kundenakquise beleuchtet wird, sind die bestehenden Eindrücke, die ein Kunde von einem Unternehmen besitzt. Jeder Konsument hat Präferenzen. Durch diese werden sie in allen Situationen beeinflusst, so auch bei einem Neukauf. Für die intrinsischen Präferenzen sind Eindrücke sehr entscheidend (vgl. Musalem & Joshi, 2009).

Bei potentiellen Kunden, die bzgl. eines Unternehmens schon einen bestimmten Eindruck besitzen, ist es von hoher Relevanz, ob dieser Eindruck positiv oder negativ ist und ob die Informationen, die sie über das Unternehmen erhalten, vergleichbar mit anderen Konkurrenten sind. Die nachfolgende Tabelle 2 stellt die Wirkungskraft neuer Informationen dar.

Informationen / Eindruck	Vergleichbar mit der Konkurrenz	Nicht vergleichbar mit der Konkurrenz
Positiv	Starke Wirkungskraft	Schwache Wirkungskraft
Negativ	Schwache Wirkungskraft	Starke Wirkungskraft

Tabelle 2: Wirkungskraft neuer Informationen

Anhand der Tabelle 2 ist deutlich zu erkennen, wie ein Unternehmen durch unterschiedliche Informationsfreigabe den Kunden positiv stimmen kann. Bei einem anfänglich positiven Eindruck haben die Informationen, die auf dem Markt vergleichbar sind, eine stärkere Wirkungskraft, als die Informationen, die mit den Konkurrenten nicht vergleichbar sind. Gegenteiliges zeigt sich bei bestehenden negativen Eindrücken. In diesem Fall wirken Informationen, die nicht vergleichbar sind, stärker als Informationen, die vergleichbar sind (vgl. Muthukrishnan & Chattopadhyay, 2007). Dieser Punkt verdeutlicht, wie wichtig die strategische Kundenakquise ist, insbesondere die Kommunikation mit den bestehenden und den potentiellen Kunden. Immer mehr Unternehmen konzentrieren sich auf die Word-of-Mouth Kommunikation (vgl. Bruhn, 2009; Hogan, Lemon & Libai, 2003; Kumar, Petersen &

Leone, 2010). Wie diese Art von Kommunikation funktioniert, verdeutlicht die nun folgende Abbildung 1 nach Wangenheim und Bayón (2007).

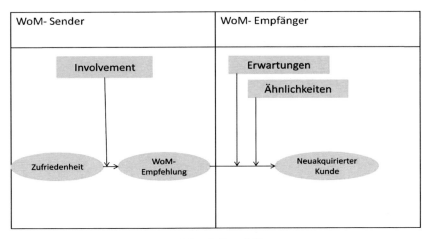

Abbildung 1: Verlauf von Word-of-Mouth Empfehlungen

Ein zufriedener Kunde, in Abbildung 1 der Sender, empfiehlt das Produkt oder das Unternehmen weiter. Die Intensität der Weiterempfehlung hängt davon ab, wie stark der Kunde in das Geschehen des Unternehmens involviert ist bzw. wie sehr er sich dem Unternehmen gegenüber verbunden fühlt. Die Wirkung der Word-of-Mouth Kommunikation wird außerdem von den individuellen Erwartungen und Ähnlichkeiten des Empfängers beeinflusst.

Auch wenn diese Art von Akquise ein Prozess ist, der langsamer Wirkung zeigt als bspw. ein direktes Anschreiben der Kunden, ist sie zum einen deutlich günstiger als die direkten Maßnahmen (vgl. Villanueva et al., 2008). Zum anderen ist es eine der glaubwürdigsten Handlungsweisen im Bereich der Kundenneugewinnung, da sie freiwillig und eigenständig von bereits bestehenden Kunden ausgeht. Das bedeutet, dass eine Empfehlung mit einem hohen Maß an Glaubwürdigkeit und Vertrautheit vermittelt wird (vgl. Bruhn, 2009, S. 4). So lassen sich laut Kumar et al. (2010) die treuesten Kunden finden. Denn Kunden, die anhand einer Empfehlung gewonnen worden sind, bleiben nahezu doppelt so lange Kunden des Unternehmens, als jene, die auf eine andere Art und Weise akquiriert wurden (vgl. Villenueva et al., 2008). Eine andere Möglichkeit der Kommunikation stellen Promotion-Aktionen dar. Jedoch rät Lewis (2006b) von dieser Variante der Neukundengewinnung ab, da die Kunden, die mithilfe von Promotion akquiriert worden sind, eine äußerst geringe Wiederkaufsrate aufweisen. Er schlägt hingegen vor, dass Unternehmen größere Anreize für eine Mengenbestellung schaffen müssen, da potentielle Kunden eine Sensibilität für Menge offenbaren (vgl. Lewis, 2006a).

Dennoch hängen erfolgreiche Akquisestrategien nicht nur von den Unternehmenshandlungen und den Kundeneinstellungen ab. Der vierte Punkt, die äußeren Einflüsse, wirkt ebenfalls auf den Erfolg dieser Strategien. Sie sind insbesondere von der aktuellen Marktsituation abhängig (vgl. Fruchter & Zhang, 2004). Dazu gehört u.a. die Konkurrenzdichte. Bei einer hohen Konkurrenzdichte sollte das Unternehmen durch Innovation und von Ideen der Wettbewerber lernen, um sich Alleinstellungsmerkmale zu erarbeiten (vgl. Voss, G.B. & Voss, Z.G., 2008). Neben der Marktsituation nehmen Faktoren, wie bspw. die Amortisationsrate, der Kundenertragswert und die Erfolgswirksamkeit der Promotion-Aktion, Einfluss auf die Kundenakquise (vgl. Fruchter & Zhang, 2004).

Ein weiterer Indikator für den Konsumenten, einen Kauf zu tätigen, ist die emotionale Ansprache. Anhand der Erkenntnisse von Kroeber-Riel und Weinberg (2009) lassen sich in Tabelle 3 die Arten, nach denen sich Konsumenten zum Kauf entscheiden, geeignet aufzeigen.

Art der Entscheidung	Emotional	Kognitiv	Reaktiv
Extensiv	x	x	
Limitiert		x	
Habitualisiert			x
Impulsiv	x		x

Tabelle 3: Arten von Kaufentscheidungen

Kauft ein Kunde extensiv, so wird die Entscheidung von hohem Involvement und Informationsbedarf beeinflusst. Ein zutreffendes Beispiel dafür stellt eine Urlaubsreise dar. Bei einer limitierten Kaufentscheidung ist der Hauptindikator die Informationsübertragung, wie z.B. beim Kauf einer Kaffeemaschine. Die habitualisierte Entscheidung trifft der Käufer bei einem Produkt, mit dem er sich auskennt und das er aufgrund von Zufriedenheit zum wiederholten Mal kauft, z.B. Waschmittel. Die impulsive Kaufentscheidung wird oftmals unter Zeitdruck mit geringem Risiko getätigt. Sie wird anhand von Präsentationssystemen durch emotionale Anreize aktiviert und erfordert kaum Informationen.

Der fünfte Aspekt bezeichnet an dieser Stelle die positiven Auswirkungen von gezielten Neugewinnungsstrategien. Wie die bereits erwähnten Punkte zeigen, spielt das ausführliche Planen der Akquise eine bedeutende Rolle in dieser Phase. Richtig eingesetzte Kundenakquisestrategien wirken sich positiv auf die Unternehmensleistung aus (vgl. Becker, Greve & Albers, 2009; Reinartz et al., 2004). Denn nur damit kann sich ein Unternehmen Wissen über das Kundenverhalten aneignen und herausfinden ob es sich lohnt, Investitionen für eine bestimmte Kundengruppe zu tätigen oder nicht (vgl. Ang & Buttle, 2006). Die selektive

Auswahl von Kunden, der letzte Aspekt der Kundenakquise, stellt für die Unternehmen eine große Herausforderung dar (vgl. Cao & Gruca, 2005). Cao und Gruca (2005) haben anhand eines Testversuches potentielle Kunden anhand ihrer Reaktionen als rentable oder nicht rentable Kunden eingestuft. Eine weitere Studie wurde diesbezüglich von Schweidel, Fader und Bradlow (2008) durchgeführt. Die drei Forscher haben einen positiven Zusammenhang zwischen der Dauer der Akquise, vom ersten Kontakt bis hin zur ersten Inanspruchnahme und des Wiederholungskaufes herausgefunden. Der Wiederholungskauf impliziert den Anfang einer Kundenbeziehung. Auf den Bereich wie Kunden in der Beziehung gebunden werden wird im folgenden Kapitel näher eingegangen.

3.1.2. Kundenbindung

Die Kundenbindungsphase wird anhand von fünf Kriterien beschrieben (vgl. Tabelle 4). Dazu zählen die Kommunikation, die Beeinflussung der Beziehungsqualität, die Rolle des Vertrauens und der Zufriedenheit sowie die Auswirkung der Dauer einer Kundenbeziehung auf die Beziehungsqualität.   .

Kriterien	Zentrale Konzepte	Autor
Kommunikation	Großer Einfluss auf die Kundenbeziehung	Griffith 2002
	Unterschiedliche Wirkung zu verschiedenen Zeitpunkten	Claycomb/Frankwick 2010
Beziehungsqualität	Zufriedenheit/Commitment/Vertrauen/Loyalität	Gustafsson/Johnson/Roos 2005; Verhoef 2003; Palmatier/Dant/Grewal/Evans 2006; Celuch/Bantham/Kasouf 2010; Powers/Reagan 2007; Dagger/Danaher/Gibbs 2009; Lewis 2004; Griffith 2002
	Störungen	Van Doorn/Verhoef 2008
	Quantität	Dagger/Danaher/Gibbs 2009
Vertrauen	Steigerung durch Wissen	Eisingerich/Bell 2008
	Beeinflussung der Konfliktlösung	Celuch/Bantham/Kasouf 2010
Zufriedenheit	Einfluss auf die Wiederkaufswahrscheinlichkeit	Voss/Godfrey/Seiders 2010; Evanschitzky/Groening/Mittal/Wunderlich 2011; Batislam/Denizel/Filiztekin 2007
	Einfluss von extern und Nutzen	Seiders/Voss/Grewal/Godfrey 2005; Evanschitzky/Groening/Mittal/Wunderlich 2011
	Monetäre Einflüsse	Homburg/Hoyer/Koschate 2005
	Positive Wirkung	Fruchter/Zhang 2004; Lewis 2006a
Dauer	Negative Wirkung	Dagger/Danaher/Gibbs 2009; Cooil/Keiningham/Aksoy/Hsu 2007

Tabelle 4: Kriterien der Kundenbindung

Über den ersten Faktor Kommunikation ist bekannt, dass die Art und Weise einen erheblichen Einfluss auf die Kundenbeziehung ausübt (vgl. Claycomb & Frankwick, 2010; Griffith, 2002). Claycomb und Frankwick (2010) haben herausgefunden, dass die gleiche Art und Weise einer Beratung in unterschiedlichen Phasen der Kundenbeziehung auch verschiedene Wirkungen im Verhalten der Käufer und Verkäufer aufzeigt. Die Wissenschaftler haben eine Einteilung in Erkenntnis-, Erkundungs- und Ausdehnungsphase vorgenommen. Kommen zwischen Käufer und Verkäufer während der Erkenntnisphase Probleme auf, steigt durch das gemeinsame Lösen des Konfliktes die Unsicherheit beim Käufer. Hingegen wirkt sich die gleiche Situation in den Phasen der Erkundung und der Ausdehnung positiv auf die Kundenbeziehung aus.

Welche Aspekte neben der Kommunikation die Beziehungsqualität beeinflussen, wird mit dem zweiten Aspekt der Kundenbindungsphase erläutert.

Es zeigen sich einheitlich positive Korrelationen zwischen der Beziehungsqualität und des Geschehens vor der Beziehung, bei Veränderungen der Zufriedenheit, des Commitments und bei der Anwendung von Loyalitätsprogrammen (vgl. Gustafsson, Johnson & Roos, 2005; Palmatier, Dant, Grewal & Evans, 2006; Powers & Reagan, 2007). Die Kundenloyalitätsprogramme werden von Lewis (2004) unterstützt. Anhand eines dynamischen Modelles im Supermarkt kam er zu der Erkenntnis, dass bestehende und zufriedene Kunden schneller auf Kundenloyalitätsaktionen eingehen, als andere und sich dadurch für eine langfristige Beziehung entscheiden. Um diese Faktoren positiv zu unterstützen, sind die Unternehmen zur Anwendung von Strategien gezwungen (vgl. Verhoef, 2003). Eine Strategie könnte nach Palmatier et al. (2006) sein, die Kundenbindung mit persönlichen Ansprechpartnern und Serviceberatern zu pflegen. Die Qualität der Beziehung wird in den Augen der Kunden dadurch gesteigert.

Ein weiterer bedeutender Faktor für die Beziehungsqualität stellt das Vertrauen dar. Das Niveau der Vertrautheit beeinflusst vor allem die qualitativen Variablen der Beziehungsqualität, das Commitment und die Zufriedenheit des Kunden (vgl. Celuch, Bantham & Kasouf, 2010; Griffith, 2002). Als quantitative Faktoren werden die Häufigkeit des Kundenkontaktes und die Dauer der Beziehung verwendet. Beide korrelieren laut Dagger et al. (2009) positiv mit der Beziehungsqualität. Selbst Störungen, die vom Unternehmen ausgelöst werden, können bei einer hohen Beziehungsqualität durchaus positive Auswirkungen hervorrufen (vgl. Van Doorn & Verhoef, 2008).

Das dritte Kriterium, nach dem die Kundenbindung in dieser Arbeit beleuchtet wird, ist das Vertrauen. Es wurde bzgl. der Beziehungsqualität bereits genannt, dass das Vertrauen in der Erhaltung der Kundenbeziehung eine bedeutende Rolle einnimmt. Bestärkt wird diese Position in Verbindung mit der Wissensübertragung von der Unternehmensseite. Sobald die Kunden ausführliche Informationen über das Vorhaben der Unternehmung kennen und sich involviert und fair behandelt fühlen, steigt das Vertrauen gegenüber der Institution (vgl. Eisingerich & Bell, 2008; Homburg, Hoyer & Koschate, 2005). Das unterstützt die Kundenzufriedenheit, das vierte Kriterium der Kundenbindungsphase. Dieses Betrachtungsmerkmal wird als Schlüsselindikator für einen wiederholten Kauf angesehen (vgl. Evanschitzky,

Groening, Mittal & Wunderlich, 2011; Voss, Godfrey & Seiders, 2010). Die Wiederkaufsrate kann anhand des Status eines Kunden gemessen werden. Ein zufriedener Kunde kann aktiv oder inaktiv sein. Aktiv sein impliziert ein hohes Level der Wiederkaufswahrscheinlichkeit, inaktiv sein hingegen ein geringes. Ziel des Unternehmens ist es, so viele aktive Kunden wie möglich zu binden (vgl. Batislam, Denizel & Filiztekin, 2007). Die Wiederkaufsrate und somit auch die Kundenzufriedenheit hängen stark von dem Nutzen und der Zweckdienlichkeit, die ein Kunde von einer Beziehung zu einem Unternehmen mitnehmen kann, ab. Außerdem unterstützen die aktuelle Wettbewerbsintensität und das Einkommen der Kunden deren Kundenloyalität und Zufriedenheit (vgl. Seiders, Voss, Grewal & Godfrey, 2005). Neben diesen externen Faktoren verursacht auch die Zufriedenheit der Mitarbeiter in einem gewissen Maße eine Veränderung in der Wiederkaufswahrscheinlichkeit. Diese wiederum hängt von der Zufriedenheit der Führungsebene eines Unternehmens ab, die letztendlich in Form von Loyalität von der Kundenzufriedenheit beeinflusst wird (vgl. Evanschitzky et al., 2011). Dieser Kreislauf spiegelt den engen Zusammenhang zwischen Mitarbeiter und Kunden wieder. Homburg et al. (2005) und Lewis (2006a) bestätigen, dass diese Bindung zwischen Kunde und Anbieter durch Preiserhöhungen gefährdet werden kann. Insbesondere durch solche, die für den Kunden nicht nachvollziehbar sind. Diese Gefahr kann durch die aktuelle Marktsituation und hoher Konkurrenzdichte bestärkt werden (vgl. Fruchter & Zhang, 2004; Seiders et al., 2005).

Der fünfte Aspekt, unter der die Kundenbindung betrachtet wird, ist die Dauer der Kundenbeziehung. Wie bereits erwähnt, wird dieses Kriterium zu den qualitativen Variablen gezählt. Dagger et al. (2009) zeigen, dass sowohl die quantitativen als auch die qualitativen Faktoren einen positiven Einfluss auf die Kundenbindung ausüben. Damit wird der früheren Aussage von Cooil, Keinhingham, Aksoy und Hsu (2007) widersprochen. Diese besagen, dass die Länge der Beziehung und auch das Einkommen negativ auf die Kundenbindung wirken.

Überwiegen die negativen Faktoren gegenüber den positiven, so kommt es zu einer Störung der Kundenbindung. Als gute Folge ist das Beschweren eines Kunden bei dem Unternehmen anzusehen, hingegen als schlechte, wenn der Kunde ohne sich zu beschweren die Beziehung beendet. Auf das Verhalten bei Kundenabwanderung und Kundenrückgewinnung wird im folgenden Abschnitt näher eingegangen.

3.1.3. Kundenabwanderung und –rückgewinnung

Der Bereich der Kundenabwanderung und -rückgewinnung wird in dieser Arbeit unter den drei Hauptkriterien Kommunikation, Verständnis und Vertrauen dargestellt (vgl. Tabelle 5).

Kriterien	Zentrale Konzepte	Autor
Kommunikation	Beschwerdeabsicht	Voorliees/Brady 2005; Mittal/Huppertz/Khare 2008
	Umgang während der Beschwerde	Homburg/Fürst 2007; Voorhees/Brady 2005; Karande/Magnini/Tam 2007
Verständnis	Kundenerwartung	Ringberg/Odekerken-Schröder/Christensen 2007; Dallimore/Sparks/Butcher 2007
	Folgen von Beschwerden	Morgan/Rego 2005; Voorhees/Brady/Horowitz 2006; Ward/Ostrom 2006; Grégoire/Tripp/Legoux 2009
Vertrauen	Commitment	Antón/Camarero/Carrero 2007
	Konfliktlösung	Celuch/Bantham/Kasouf 2010; Claycomb/Frankwick 2010
	Bestärkt "bleiben"	Eisingerich/Bell 2008

Tabelle 5: Kriterien der Kundenabwanderung und -rückgewinnung

In der Kommunikation richtet sich der Fokus auf die Beschwerde. Dabei lässt sich die Beschwerde beim Servicepersonal von der öffentlichen Beschwerde, z.b. in Foren, unterscheiden (vgl. Voorhees & Brady, 2005; Ward & Ostrom, 2006).

Es gibt unterschiedliche Faktoren, die die Absicht der Beschwerde positiv sowie negativ beeinflussen. Ist die Kundenbindung bspw. nicht stark ausgeprägt und herrscht bei dem Kunden auch noch eine Neigung zur Kontrolle, so fällt es diesem Kunden leicht, sich zu beschweren (vgl. Mittal, Huppertz & Khare, 2008). Ist ein Kunde hingegen äußerst zufrieden und genießt einen guten Service, so ist die Wahrscheinlichkeit einer Beschwerde bei aufkommenden Störungen geringer (vgl. Voorhees & Brady, 2005). Auf die Beschwerdeabsicht wirken sich demnach die positiven Eigenschaften einer Kundenbeziehung, wie bspw. hohe Zufriedenheit durch gute Serviceleistung, negativ aus. Werden dem Kunden jedoch Möglichkeiten zur einfachen Beschwerde geboten, gehen sie mit steigender Wahrscheinlichkeit darauf ein (vgl. Homburg et al., 2007; Voorhees & Brady, 2005). Ebenso zeigen ein fairer Umgang und Verständnis während einer Beschwerde fördernde Ergebnisse hinsichtlich einer zukünftigen Absicht (vgl. Karande, Magnini & Tam, 2007; Voorhees & Brady, 2005). Karande et al. (2007) bestätigen darüber hinaus, dass die Einbindung der Kunden in den Beschwerdeprozess, insbesondere in die Optimierung, die Zufriedenheit sowie die zukünftige Beschwerdeabsicht bei lang bestehenden Kundenbeziehungen positiv beeinflusst. Die Kommunikation in der Kundenabwanderungsphase, besonders auf das Beschwerdemanagement bezogen, trägt folglich Einfluss auf den weiteren Beziehungsverlauf. Neben der Kommunikation hat das Verständnis der Unternehmen gegenüber dem beschwerenden Kunden eine entscheidende Wirkung (vgl. Dallimore, Sparks & Butcher, 2007).

Die Planung der Kundenrückgewinnungsstrategie ist für das Unternehmen äußerst relevant (vgl. Morgan & Rego, 2005; Ringberg, Odekerken-Schröder & Christensen, 2007) In einigen Unternehmen treten dabei bereits Schwierigkeiten auf. Sie verstehen die Erwartungen von Kunden an die Rückgewinnungsstrategien als homogen und verhaltensbezogen (vgl. Ringberg et al., 2007). Denn bei ähnlich auftretenden Problemen reagieren die Kunden unterschiedlich. Das bedeutet, je individueller eine Rückgewinnungsstrategie auf den Kunden angepasst ist, desto erfolgreicher ist das Ergebnis. Einen weiteren interessanten Aspekt bzgl. des Verständnisses haben Dallimore et al. (2007) herausgefunden. Bei emotional ausbrechenden Beschwerden reflektieren die Servicemitarbeiter den verärgerten Gesichtsausdruck und die Emotionen des Kunden wieder. Ist der Kunde bspw. sehr verärgert und sogar wütend, trägt auch der Servicemitarbeiter einen grimmigen Gesichtsausdruck. Das Verständnis, welches der Servicemitarbeiter in dem Moment der Beschwerde also durchaus aufbringt, kann nicht eindeutig gezeigt werden.

Das Verständnis ist jedoch wichtig für die Kundenbeziehung nach der Beschwerde und für die zukünftige Unternehmensleistung (vgl. Morgan & Rego, 2005). Kunden, die sich nicht beschweren, sind unglücklicher und weisen eine hohe Abwanderungswahrscheinlichkeit auf. Hingegen sind Kunden, die sich beschwert haben und deren Beschwerde zufriedenstellend bearbeitet worden ist, dem Unternehmen gegenüber loyaler als je zuvor (vgl. Homburg & Krohmer 2009b, S. 910). Konnte die Beschwerde jedoch mit wenig Verständnis und nicht zufriedenstellend bearbeitet werden, sind diese Kunden sogar unzufriedener als diejenigen, die sich gar nicht beschweren (vgl. Voorhees, Brady & Horowitz, 2006). Sobald der Kunde sich nicht verstanden fühlt, besteht die Gefahr, dass dieser seine Unzufriedenheit öffentlich bekannt gibt. Das wird als negative Word-of-Mouth Kommunikation gesehen (vgl. Abschnitt 3.1.1). Dadurch rächen sich Gruppen mit ähnlich negativen Erfahrungen an dem Unternehmen und es werden weitere Gruppen dagegen mobilisiert (vgl. Grégoire, Tripp &Legoux, 2009; Ward & Ostrom, 2006). Je länger und intensiver eine Kundenbeziehung ist oder war, umso ausgeprägter ist das Bedürfnis nach der öffentlichen Rache. Das ist der sog. „Love-becomes-Hate Effekt". Reagiert das Unternehmen auf diese Art von Beschwerde und zeigt Verständnis, sind die Kunden, die bereits lange an das Unternehmen gebunden waren, für die Wiederherstellung der Beziehung zugänglich (vgl. Anderson, 1998; Grégoire et al., 2009).

Im Sinne von Commitment hat das Vertrauen einen erheblich großen Einfluss auf die Rückgewinnung von Kunden. Weisen Kunden gegenüber dem Produkt, der Marke oder dem

Unternehmen ein starkes Commitment auf, ist die Gefahr, dass der Kunden nach einem Konflikt abwandert, gering (vgl. Antón et al., 2007). Denn die Bereitschaft, Konflikte zu lösen, korreliert positiv mit dem Vertrauensniveau (vgl. Celuch et al., 2010; Claycomb & Frankwick, 2010). Das hängt im weiteren Sinne damit zusammen, dass die Kunden bei einem hohen Vertrauen in Bezug auf die Unternehmensleistung oftmals auch einen hohen Wissensstand aufweisen und somit Unsicherheiten reduziert werden. Vertrauen stärkt in der Phase der Rückgewinnung nicht nur die Bindung, sondern erschwert gleichzeitig auch die Abwanderung zu einem anderen Unternehmen (vgl. Eisingerich & Bell, 2008).

Nachdem nun ein Überblick über die drei Bereiche des Kundenbeziehungsmanagements besteht, werden im folgenden Kapitel die drei Bereiche der sozialwissenschaftlichen Paar- und Beziehungsforschung in analoger Reihenfolge dargestellt: angefangen mit der Beziehungsinitiierung über die Beziehungsintensivierung bis hin zu Beziehungsabbruch und -wieder-aufnahme.

3.2. Paar- und Beziehungsforschung

3.2.1. Beziehungsinitiierung

In dieser Arbeit wird die Beziehungsinitiierung nahezu unter den gleichen Aspekten wie auch die Kundenakquise beleuchtet. Hierbei fällt das Kriterium „Eindruck" weg. Dafür werden aber die Unterschiede zwischen Mann und Frau kurz betrachtet (vgl. Tabelle 6).

Kriterien	Zentrale Konzepte	Autor
Motive	Frei von Vorteilen	Grayson 2007; Djikic/Oatley 2004; Adams/Blieszner 1994
	Vertrauen	Sanderson/Keiter/Miles/Yopyk 2007; Clark/Shaver/Abrahams 1999
Kommunikation	Flirten	Grammer 1998; Byrne 1997
Äußerer Einfluss	Soziale Integration und emotionale Bindung	Witte/Putz 2003
Positive Auswirkung	Interaktivität der Initiierung aus der Intensität der Beziehung	Hays 1984
Auswahl treffen	Differenzierung nach der Art von Beziehung	Kopp/Lois/Kunz/Becker 2010

Tabelle 6: Kriterien der Beziehungsinitiierung

Die Motive einer interpersonellen Beziehung sind vollkommen frei von Nutzen und das Entstehen einer Freundschaft geschieht auf freiwilliger Basis (vgl. Adams & Blieszner, 1994; Grayson, 2007). Nach Adams und Blieszner (1994) kann ein Anreiz die besondere Einfachheit einer Freundschaft ausdrücken, die durch eine orts-, rituals- und regelungsgebundene und nicht institutionelle Bindung ausgemacht wird. Keiner der beiden potentiellen Partner ist von einem eigenen Nutzen getrieben, außer den Grundbedürfnissen eines Menschen (vgl. Djikic & Oatley, 2004). Djikic und Oatley (2004) vergleichen die Liebe sogar mit dem Wert der Religion und stellen fest, dass die Liebe in den letzten Jahrzehnten den existenziellen Komfort der Religion ersetzt hat. Das hat zum großen Teil etwas mit Vertrauen und Vertrautheit zu tun. Sobald beide annähernden Partner gleiche Vertrauensziele dieser Bindung aufweisen, lässt sich eine positive Korrelation mit starkem gegenseitigen Vertrauen, warmherziger Offenheit sowie ähnlichen Verhaltensweisen und Interessen erkennen (vgl. Clark, Shaver & Abrahams, 1999; Sanderson, Keiter, Miles & Yopyk, 2007). Emotionales Involvement unterstützt diese Kennlernphase zweier Menschen, ein oberflächliches Aufeinandertreffen hingegen nicht, wie z.B. sich gemeinsam in einer großen Gruppe unterhalten (vgl. Sanderson et al., 2007).

Unter den zweiten Aspekt, Kommunikation, fällt der erste Austausch von Signalen zweier Menschen, die sich hinsichtlich einer romantischen Beziehung kennenlernen. Diese Situation wird auch das Flirten genannt. Nachdem erstmalig signalisiert worden ist, dass die eine Person die andere attraktiv findet, was als externes Ereignis zu bezeichnen ist, werden interne Prozesse angestoßen (vgl. Byrne, 1997; Grammer, 1998). Zu diesen zählen bspw. das Auslösen von positiven oder negativen Emotionen, das Aufbauen von Vertrauen, die Entwicklung von Fantasien und die Beeinflussung von Erwartungen. Diese Faktoren wirken sich essentiell auf die weitere Kommunikation der zwei Menschen aus. Die Gedanken spiegeln sich dann in der Formulierung und im Benehmen wieder (vgl. Byrne, 1997).

Während des Kennenlernens wirkt nicht nur die Unterhaltung auf die Entwicklung, sondern es wirken ebenfalls Aspekte, die außerhalb dieses Prozesses stattfinden bzw. bereits stattgefunden haben. Witte und Putz (2003) zählen zu diesen äußeren Einflüssen, dem dritten Aspekt der Initiierungsphase, z.B. die emotionale Bindungsabsicht und die soziale Integration. Stehen die beiden Faktoren der Partner in einem ausgeglichenen Verhältnis, stellt dies eine beachtliche Basis einer stabilen Beziehung dar. Das bedeutet, dass diese mit langanhaltender Dauer und Glück identifiziert ist. Weitere Faktoren, wie empfundene Einsamkeit, Äußerlichkeiten und die Geschwindigkeit des „Sich-Verliebens", beeinflussen ebenfalls die beiden Aspekte Dauer und Glück. Äußerlichkeiten und insbesondere die physische Attraktivität stellen hier eine Besonderheit dar, da dieser Aspekt nur Relevanz trägt, sofern das Ziel eine kurzfristige Verliebtheit ist.

In der Phase der Beziehungsinitiierung stellen beide Partner fest wie intensiv diese Beziehung für sie werden soll. Die Auswirkungen sind anhand der Social Penetration Strategy nach Altman und Taylor gut veranschaulicht (vgl. Tabelle 7). Hays (1984) weist dafür unterschiedliche Beispiele in den Bereichen Aktivität, Kommunikation, füreinander Dasein und Zuneigung für die drei Phasen der Intensität einer interpersonellen Beziehung auf.

Beispiele für Phasen	Aktivität	Kommunikation	Füreinander Dasein	Zuneigung
Oberflächlich	Fernsehen schauen; Feiern	Allgemeine Ereignisse	-	-
Gelegentlich	In das Kino gehen; zusammen Sport machen	Über Familie erzählen; sich über gemeinsame Freunde unterhalten	Gemeinsames Lösen von Problemen der Arbeit	-
Intim	Gemeinsamer Besuch bei den Verwandten	Austausch über frühere Beziehungen	Sich nach demjenigen sehnen, wenn es einem schlecht geht; gegenseitige Beratung bei persönlichen Entscheidungen	Geschenke zu einem besonderen Anlass

Tabelle 7: Indikatoren für die Intensität einer Beziehungskennlernphase

In der beginnenden, noch oberflächlichen, Kennenlernzeit gehen die zwei Personen z.B. gemeinsam auf eine Feier oder schauen Fernsehen. Dabei werden die Unterhaltungen sehr allgemein gehalten. Steigt die Intensität des Kennenlernens zu dem Status „Gelegentlich", werden die gemeinsamen Aktivitäten zu zweit durchgeführt und die Gesprächsthemen persönlicher. Des Weiteren kommt hinzu, dass Probleme im Privatleben ebenfalls ausgetauscht werden. Zur Problemlösung und Beratung wird der Andere jedoch erst herangezogen, wenn die Intensität des Kennenlernens bei „Intim" angelangt ist. In diese Phase fällt der erste gemeinsame Besuch bei den Verwandten und es sind sogar Geschenke zu besonderen

Anlässen üblich. Je breiter und tiefer die Interaktion in der Initiierungsphase erfolgt, umso intensiver entwickelt sich die Freundschaft in jeglichen Situationen (Hays, 1984). Während dieser Aktionen treffen die Partner eine Entscheidung bzw. eine Auswahl. Eines der wichtigsten Indikatoren für einen passenden Partner ist die Differenzierung einer Beziehung. Ob der Partner eine romantische, affektuelle oder kurzfristige Beziehung eingehen möchte, sollte in der Initiierungsphase geklärt werden (vgl. Kopp, Lois, Kunz & Becker, 2010). Sofern diese Aspekte zwischen beiden Partnern geklärt sind, kann bereits von einer Beziehung gesprochen werden. Diese gilt es zu halten und zu intensivieren. Dazu werden im folgenden Abschnitt Erkenntnisse geliefert.

3.2.2. Beziehungsintensivierung

Der Bereich der Beziehungsintensivierung wird, bis auf die Dauer, unter den gleichen Punkten betrachtet, wie die Kundenbindung (vgl. Tabelle 8).

Kriterien	Zentrale Konzepte	Autor
Kommunikation	Dient der Aufrechterhaltung	Gilbertson/Dindia/Allen 1998; Dindia/Baxter 1987
Beziehungsqualität	Gegenseitige Unterstützung	Weisz/Wood 2000
	Quantität	Hays 1984
Vertrauen	Basis einer Beziehung	Wiseman 1986
Zufriedenheit	Emotionen	Sanford/Rowatt 2004
	Gemeinsamkeiten/Ziele	Lutz-Zois/Bradley/Mihalik/Moorman-Eavers 2006; Grosse-Holtforth/Pincus/Grawe/Mauler/Castonguay 2007
	Gewissenhaftigkeit/Verträglichkeit	Watson/Hubbard/Wiese 2000
	Commitment	Rusbult/Buunk 1993

Tabelle 8: Kriterien der Beziehungsintensivierung

Die Kommunikation zwischen Menschen gilt als ein entscheidendes Mittel zum Bestehen und zur Aufrechterhaltung von Beziehungen (vgl. Dindia & Baxter, 1987; Gilbertson, Dindia & Allen, 1998). Kommunikation findet auf verschiedene Arten und Weisen statt. Für Partner in interpersonellen Beziehungen sind die Metakommunikation und die symbolische Kommunikation bedeutend. Außerdem weisen Offenheit und Einfühlungsvermögen eine hohe Relevanz auf (vgl. Dindia & Baxter, 1987). Gilbertson et al. (1987) haben anhand einer Studie heraus-gefunden, dass Partnern einer romantischen Beziehung die Kommunikation vor und nach der Abwesenheit besonders wichtig erscheint.

Vor der Abwesenheit	Während der Abwesenheit	Nach der Abwesenheit
Erzählen, was man machen wird*	Miteinander Telefonieren	Begrüßen*
Bescheid sagen, wann man zurückkommt*	Nachricht auf der Mailbox hinterlassen	Zur Begrüßung umarmen und küssen*
Sich verabschieden*	E-Mail schreiben	Fragen, wie der Tag lief*
Abschiedskuss geben	Notizen hinterlassen	Sich gemeinsam darüber unterhalten, wie der Tag lief*
„Ich liebe Dich" sagen	Etwas tragen, was einen an den Partner erinnert	
Pläne über eine gemeinsame Tätigkeit danach machen	Den Namen des Partners in Unterhaltungen erwähnen	
Vorher gemeinsam Zeit verbringen wollen	Blumen kaufen	
	Geschenk kaufen	
	Etwas Schönes für den Partner machen	
	Zum Mittag treffen	
	Bilder aufstellen	

Tabelle 9: Aktivitäten vor, während und nach der Abwesenheit

Anhand der Tabelle 9 ist zu erkennen, welche Inhalte der Kommunikation zu welchen Zeit-punkten bzgl. der Abwesenheit wichtig erscheinen. Vor der Abwesenheit ist es förderlich für die Beziehung, wenn der eine Partner den anderen darüber informiert, was er vorhat, zu wel-chem Zeitpunkt er zurückkommen wird und, dass sie sich voneinander verabschieden. Während der Abwesenheit spielt das Verhalten keine entscheidende Rolle, vielmehr aber das Verhalten nach der Abwesenheit. In diese Kommunikation wird von beiden Partnern durchschnittlich am meisten Zeit investiert. Hauptsächlich in die Begrüßung mit Umarmung und Kuss, in das Auf-zeigen von Interesse nach dem Tagesverlauf und das Austauschen über die Erlebnisse während der Abwesenheit (vgl. Hays, 1984, S. 781). In dieser Veröffentlichung wurden allerdings ledig-lich romantische Beziehungen betrachtet. Anders ist es bei dem zweiten Aspekt, der Bezie-hungsqualität. Hierbei liegt der Schwerpunkt der Forschungsergebnisse auf Freundschaften.

In Bezug auf die Beziehungsqualität fand Wiseman (1986) heraus, dass es zwei wichtige Eigenschaften einer gut funktionierenden Freundschaft gibt: die jeweiligen Charaktereigenschaften und die gegenseitigen Erwartungen daran, dass diese so bleiben. Zusätzlich setzt eine hohe Beziehungsqualität ein gegenseitiges Verständnis und Zurückgeben voraus. Diese Aussage bestätigt die Erkenntnis von Hays (1984), die zeigt, dass je intensiver eine Freundschaft ist, oftmals impliziert das auch die Länge der Beziehung, umso unabhängiger wird die Beziehungsqualität von der Quantität des Kontaktes. Viel bedeutender erscheint dabei die Qualität der Interaktionen. Diese Studie wird nur teilweise, unter dem Aspekt der Qualität, von Weisz und Wood (2000) bestätigt. Ergänzend dazu haben sie bewiesen, dass eine Freundschaft Nähe und Kontakt in einem gewissen Maße hält, wenn diese Beziehung auf einer gegenseitigen persönlichen Unterstützung beruht. Dies kann auch auf einen temporären Zeitraum beschränkt werden.

Sehr nahe zur Beziehungsqualität steht das Vertrauen in der Beziehung. Wie in Abschnitt 3.2.1. bereits dargelegt, ist eine Freundschaft eine freiwillige Beziehung. Diese Art von Beziehung lässt jedem Partner unendliche Freiheiten und die Partner geben sich gleichwohl gegenseitig vollstes Vertrauen (vgl. Wiseman, 1984). Aus diesem Grund sind die Freundschaft und das Vertrauen in dieses als eine anfälligere Beziehung anzusehen, als eine institutionelle Beziehung, wie z.B. eine Ehe.

Das vierte Kriterium, welches die Beziehungsintensivierung beeinflusst, ist die Zufriedenheit der Partner. Darunter ist die Grundvoraussetzung für das Intensivieren einer Beziehung zu verstehen (vgl. Lutz-Zois, Bradley, Mihalik & Moorman-Eavers, 2006; Sanford & Rowatt, 2004). Sowohl positive als auch negative Emotionen beeinflussen die Zufriedenheit (vgl. Sanford & Rowatt, 2004; Watson, Hubbard & Wiese, 2000). Negative Emotionen können sich in drei verschiedenen Formen von Emotionen äußern: die harte, die weiche und die ängstliche Emotion. Bei den harten Emotionen zeigt sich Ärger und Wut, bei der weichen Trauer und Verletztheit und bei ängstlichen Emotionen wird die Unzufriedenheit aufgrund von Sorge und Bedrohung ausgelöst. Die Äußerung von harten Emotionen beeinflusst die Beziehung tatsächlich negativ. Sie ist mit einer Vielzahl an Konflikten und Abwendung in Verbindung zu bringen. Hingegen hat der Ausbruch von weichen und ängstlichen Emotionen einen positiven Einfluss auf die Zufriedenheit beider Partner. Konflikte werden somit verhindert und es wird sich eher zu- anstatt abgewandt (vgl. Sanford & Rowatt, 2004).

Weitere Erkenntnisse besagen, dass Gemeinsamkeiten und Ziele die Zufriedenheit einer Beziehung positiv beeinflussen (vgl. Grosse-Holtforth, Pincus, Grawe, Mauler & Castonguay, 2007; Lutz-Zois et al., 2006). Stimmen Persönlichkeiten, Einstellungen, Interessen sowie der

Glaube beider Partner überein, so bietet dies eine hervorragende Grundlage für eine zufriedene Beziehung. Insbesondere die gemeinsamen Interessen und die gleiche Religion fördern die Intensivierung (vgl. Lutz-Zois et al., 2006).

Außerdem legen Partner einer interpersonellen Beziehung in der Phase der Intensivierung großen Wert auf Gewissenhaftigkeit. Solange die Partner gewissenhaft handeln, adaptieren sie die Zufriedenheit auf die Beziehung (vgl. Watson et al., 2000). Dazu zählt auch ein starkes Commitment gegenüber der Beziehung. Dieses Kriterium bestärkt die Zufriedenheit mit einer höheren Hingabe zu Anpassung, Aufopferung und Nachlassen anstelle von Rächen. Ergänzend ist Commitment u.a. entscheidend für die „Stay-or-Leave" Entscheidung in einer von Unzufriedenheit geführten Beziehungsphase (vgl. Rusbult & Buunk, 1993). Beziehungen in dieser Phase werden entweder auseinander gehen oder wieder aufgebaut. Die Kriterien der Beziehungsabbruchphase und der Wiederaufnahme werden im folgenden Abschnitt beschrieben.

3.2.3. Beziehungsabbruch und Wiederaufnahme von Beziehungen

Ebenso wie die vorherigen Abschnitte wird auch dieses Unterkapitel nach Kriterien gegliedert. Der Beziehungsabbruch und die Wiederaufnahme werden nach den Aspekten Kommunikation zwischen den Partnern, Alternativen, gegenseitiges Vertrauen, Vergeben und Verzeihen und Einfluss der Dauer einer Beziehung betrachtet (vgl. Tabelle 10).

Kriterien	Zentrale Konzepte	Autor
Kommunikation	Beschwerde: 1.Schritt zur Trennung	Duck 1982; Gottman/Levenson 1992
	Arten beim Verzeihen	Waldron/Kelley 2005
	Face-to-Face	Worthington 1998
	Einfluss von Ehrlich-keit/ Gewissenhaf-tigkeit	Metts/Cupach/Bejlovec 1989 Bono/Boles/Judge/Lauver 2002
Alternativen	Interdependenztheorie	Battaglia/Richard/Datteri/Lord nach Kel-ley/Thibaut 1978
Vertrauen	Commitment	Rusbult/Buunk 1993
	Hauptgrund für das Leiden	Hui/Lau/Tsang/Pak 2011 Waller/MacDonald 2010 Sprecher/Felmlee/Metts/Fehr/Vanni 1998
Verge-ben/Verzeihen	Verhalten des „Täters"	Hui/Lau/Tsang/Pak 2011 Weiner/Graham/Peter/Zmuldlnas 1991 Worthington 1998
Dauer	Negativer Zusammen-hang	Baum 2003 Dindia/Baxter 1987

Tabelle 10: Kriterien des Beziehungsabbruches und der Wiederaufnahme

Die Kommunikation ist für den weiteren Verlauf der Beziehung auch in dieser Phase ein sehr entscheidender Faktor. Die Verkündung von Trennungsgedanken gegenüber dem Partner leitet den Schritt zum Abbruch einer Beziehung ein (vgl. Duck, 1982; Gottman & Levenson, 1992). Es kommt hierbei eindeutig auf die Art und Weise der Bekanntgabe an, sowie auf das Kommunikationsverhalten danach. Laut Gottman und Levenson (1992) folgt auf diese Verkündung oftmals eine Verachtung des kritisierten Partners. Dieses Verhalten bestärkt den Abbruch und mindert die Chance auf den Wiederaufbau. Um die Beziehung weiter aufrecht zu erhalten, gibt es fünf Arten der Kommunikation: die konditionale, die minimierende und die explizite Kommunikation sowie die Diskussion und die nicht-verbalen Anzeichen. Inwiefern sich diese Arten voneinander unterscheiden, ist für diese Arbeit an der Stelle nicht relevant. Wichtig ist, dass es in der Trennungsphase verschiedene Arten von Kommunikation gibt, die unterschiedliche Wirkungen aufzeigen (vgl. Waldron & Kelley, 2005). Eine spezielle Art der Kommunikation in der Abbruch- bzw. Wiederaufbauphase stellt die Face-to-Face

24

Situation dar. Die Person, die einst eine wichtige Rolle spielte, mit einer endgültigen Nachricht zu konfrontieren, ist für den Menschen keine leichte Aufgabe (vgl. Worthington, 1998). Die Extrovertiertheit beeinflusst die Art der Kommunikation außerdem. Sind beide Partner extrovertiert, finden häufig Streits statt. Jedoch bezeichnet man diese als aufgabenorientierte Streits, die nicht zwangsläufig als negativ angesehen werden müssen, sondern eher als Diskussion (vgl. Bono, Boles, Judge & Lauver, 2002). Dennoch enden auch Diskussionen in Streits, die wiederum zur Trennung führen.

Haben sich die Partner dazu entschlossen, diese interpersonelle Bindung abzubrechen, wirkt Ehrlichkeit im Gegensatz zu manipulativem Inhalt positiv auf die Beziehung danach. Besonders negative Wirkung zeigt das Verhalten des Initiators der Trennung, indem er seine Vorteile, die er durch die Trennung sieht, bekannt gibt (vgl. Metts et al., 1989). Das können Alternativen sein, wie bspw. andere Menschen, die dem verlassenden Partner attraktiv erscheinen und in seinem Abbruchverhalten bestätigen (vgl. Battaglia, Richard, Datteri & Lord, 1998).

Das dritte Kriterium der Beendigungs- und Wiederaufbauphase ist das Vertrauen. Bereits im vorherigen Abschnitt wurde gezeigt, dass Vertrauen die Beziehung stärkt. Ebenso motiviert es die Partner, den Wiederaufbau einer Beziehung mit Aktivitäten anzugehen (vgl. Rusbult & Buunk, 1993). Eine Ausnahme stellt die Situation des wiederholten Verletzens dar. Denn bei einem mehrfachen Missbrauch von Versprechungen und Vertrauen baut die verletzende Person kein neues Vertrauen auf (vgl. Hui et al., 2011). Dieses Verhalten löst neben der Unzufriedenheit und Angst vor Einsamkeit ein großes Leiden beim Partner aus (vgl. Hui et al., 2011; Sprecher, Felmlee, Metts, Fehr & Vanni, 1998) was durch ein geringes Selbstwertgefühl der verlassenden Person unterstrichen wird (vgl. Waller & MacDonald, 2010).

Vertrauen ist demnach ein wichtiger Faktor für den Wiederaufbau einer Beziehung und gleichzeitig einer der größten Auslöser für das Leiden während und nach der Trennung.

Der vierte Aspekt, das Vergeben und Verzeihen, ist sehr eng mit dem gegenseitigen Vertrauen verbunden. Denn um eine Beziehung weiter fortführen zu können, benötigen die Partner Vertrauen, um vergeben zu können (vgl. Waldron & Kelley, 2005). Das Verzeihen fällt einem Partner bei konsequentem Verhalten des anderen leichter. Das bedeutet, dass der „Täter" nach der Entschuldigung wie vereinbart handelt (vgl. Hui et al., 2011). Positiv auf das Verzeihen wirken Geständnisse, die nicht auf eine vorherige Beschuldigung, sondern von alleine erfolgen (vgl. Weiner, Graham, Peter & Zmuldlnas, 1991). Worthington (1998) fand außerdem heraus, dass die drei Faktoren Empathie, Demut sowie Commitment im Prozess des Vergebens und Verzeihens einen entscheidenden Einfluss haben.

Ebenso hat das fünfte Kriterium, die Dauer, einen Einfluss auf den Abbruch sowie auf den Wiederaufbau einer interpersonellen Beziehung. Bei einer Ehe korreliert bspw. die Länge der Beziehung negativ mit dem Willen, diese aufrecht zu halten. Ist die Trennung erst einmal in den Köpfen der Ehepartner angelangt, besteht wenig Antrieb, aktiv gegen die Trennung vorzugehen (vgl. Dindia & Baxter, 1987). Gleichermaßen zeigt die Dauer des Scheidungsprozesses einer Ehe eine negative Wirkung auf. Je länger dieser Prozess besteht, umso schlechter ist das Verhältnis zwischen den ehemaligen Ehepartnern hinterher (vgl. Baum, 2003).

Nachdem an dieser Stelle der Arbeit die zwei Bereiche Kundenbeziehungsmanagement und Paar- und Beziehungsforschung dargestellt wurden, werden im folgenden Kapitel Parallelen zwischen den Ergebnissen gezogen. Der Fokus wird dabei auf den Kriterien Kommunikation, Zufriedenheit, Vertrauen und Dauer der Beziehung liegen. Die gesamten Kriterien sind letztendlich voneinander abhängig und nur schwer trennbar.

4. Anwendung der Paar- und Beziehungsforschung auf das Kundenbeziehungsmanagement

4.1. Bisherige Adaptionen der Verhaltensweisen auf die Theorien

4.1.1. Kommunikation

Die Kommunikation spielt sowohl in zwischenmenschlichen Beziehungen als auch in Geschäftsbeziehungen eine wichtige Rolle. In der Kennenlernphase werden interne Prozesse durch Signale, wie z.b. Augenkontakt und Körperhaltung, ausgelöst, welche die Zu- oder Abneigung zu dem Partner identifizieren. Dieser Zusammenhang findet im Kundenbeziehungsmanagement Gebrauch, indem dort ebenfalls die Word-of-Mouth Kampagnen zur Überzeugung und Ansprache von Emotionen dienen. Ebenso ist die Bedeutung der Art und Weise im Umgang mit dem Partner der interpersonellen Beziehung im Kundenbeziehungsmanagement wieder zu finden. Wissenschaftler haben erkannt, dass die Beratung der Kunden, abhängig von der Phase, in der sie sich befinden, eine differenzierte Wirkung aufweist. Außerdem lässt sich die erste Äußerung von Trennungsgedanken auf die Beschwerde adaptieren. Diese deutet für die Unternehmen auf den ersten Schritt zum Abbruch der Beziehung hin, welcher verhindert werden will.

4.1.2. Zufriedenheit

Das Potential der zwischenmenschlichen Zufriedenheit wurde bisher ganz besonders in der Kundenbindungsphase genutzt. Nachdem Zufriedenheit als die Grundvoraussetzung für eine interpersonelle Beziehung angesehen wird, nehmen die Wissenschaftler an, dass die Zufriedenheit der Kunden ebenfalls der Schlüsselindikator für einen Wiederkauf und somit für die Kundenbindung ist.

Zufriedenheit und Unzufriedenheit spiegeln sich in den Emotionen der Menschen wieder. In einer interpersonellen Beziehung, vorrangig in einer romantischen, beeinflusst der Zustand der Zufriedenheit einer Person die Zufriedenheit der anderen. Diese Erkenntnis wird in der Kundenbeziehung in Bezug auf die Übertragbarkeit der Mitarbeiterzufriedenheit auf die Kundenzufriedenheit angewandt.

Eine weitere Transformation ist bei der Zufriedenheit durch das Commitment festzustellen. Besteht Commitment zu der Beziehung, bestärkt es die Zufriedenheit. Das Niveau des Commitments ist ausschlaggebend bei einer „ Stay-or-Leave" Entscheidung. Diesen Aspekt nutzt das Kundenbeziehungsmanagement und setzt sich als Ziel, das Commitment der Kunden zu einer Marke oder dem Unternehmen zu stärken. Denn Wissenschaftler gehen davon aus, dass dadurch die Beziehungsqualität zunimmt. In einer interpersonellen Beziehung sowie in einer Geschäfts- oder Kundenbeziehung impliziert Zufriedenheit Stabilität und Erfolg einer Beziehung (vgl. Meeks, Hendrik, S.S. & Hendrik, C., 1998).

4.1.3. Vertrauen

Mit dem Wissen aus der sozialpsychologischen Forschung, dass Freundschaften aufgrund des freiwilligen Vertrauens eine sehr anfällige Beziehung darstellen, ist sich das Kundenbeziehungsmanagement über die Relevanz des Vertrauens der Kunden bewusst. Um dieses auf einem hohen Niveau zu halten, versorgen Unternehmen deren Kunden mit Wissen und binden sie in Unternehmensprozesse ein. Analog zu einer Beziehung gehen die Wissenschaftler davon aus, dass ein hohes Maß an Vertrauen zum einen das Commitment, somit auch die Zufriedenheit, und zum anderen die Entscheidung zum Wiederaufbau in Konfliktsituationen bestärkt.

4.1.4. Physische Attraktivität

Wie bereits in Abschnitt 3.2.1. erwähnt, gehören zu den wichtigen Einflussfaktoren während des Kennenlernens die emotionale Bindungsabsicht, die Erwartungen, die soziale Integration, die empfundene Einsamkeit sowie die Geschwindigkeit des Kennenlernens. Die physische Attraktivität spielt jedoch erst dann eine entscheidende Rolle, wenn sich die Erwartungen beider Partner auf eine kurzfristige Verliebtheit beschränken.

In Abschnitt 3.1.1. wurde bereits aufgezeigt, dass es bei Käufen für Konsumenten unterschiedliche Arten der Entscheidung gibt. Wichtig ist an dieser Stelle die impulsive Kaufentscheidung. Denn die Feststellung der physischen Attraktivität aus der sozialpsychologischen Forschung konnte bereits auf das Präsentationssystem von Produkten adaptiert werden. So werden bspw. Produkte, die keinen großen Informationsaufwand verlangen, in Form einer attraktiven Präsentation mit einer emotionalen Ansprache beworben.

4.1.5. Dauer einer Beziehung

In dem Bereich der Paar- und Beziehungsforschung sind Forscher zu der Erkenntnis gekommen, dass die Länge einer Beziehung, bspw. einer Ehe, negative Wirkung auf die Rettung dieser Beziehung aufzeigt. Daran angelehnt haben Wissenschaftler die Dauer der Kunden- und Geschäftsbeziehung auf das Kundenbeziehungsmanagement bezogen. Jedoch gibt es hier Widersprüche. Diese sind mit der Relativität der Dauer erklärbar, denn für jede Person ist die Dauer ein Wert, der mit anderen Beziehungslängen verglichen und demnach unterschiedlich bewertet wird.

In den Bereichen Kommunikation, Zufriedenheit, Vertrauen, physische Attraktivität und Dauer einer Beziehung wurden bereits einige Parallelen zwischen der sozialpsychologischen Forschung und dem Kundenbeziehungsmanagement hergestellt. Im folgenden Abschnitt werden in Anlehnung an die bereits bestehenden Adaptionen neue Aspekte aufgegriffen, in denen das Potential zur Transformation von der Paar- und Beziehungsforschung auf das Kundenbeziehungsmanagement steckt. Dabei erfolgt eine Betrachtung der Bereiche Männer vs. Frauen, Machtverhältnis sowie Unterschiede des Verzeihens.

4.2. Das Potential der Paar- und Beziehungsforschung und mögliche Anwendungen

4.2.1. Männer vs. Frauen

In der Kennenlernphase zweier Menschen verschiedenen Geschlechts gibt es erhebliche Unterschiede in der Symbolisierung der Attraktivität und dem Verhalten. Frauen nehmen beim ersten Aufeinandertreffen mit Blickkontakt und Unterhaltungen eindeutig den aktiveren Part ein.

Ist der Flirt bereits in einem fortgeschrittenen Stadium, reagieren Frauen nahezu abstoßend auf Verhaltensweisen der Männer, die umgedreht von Frauen auf Männer sehr verlockend wirken (vgl. Clark et al., 1999; Grammer, 1998, S. 49 & 53).

Diese Erkenntnisse der erheblichen Unterschiede zwischen Mann und Frau während der Beziehungsinitiierung bieten Potential für die Kundenakquisition. Denn anhand dieser Informationen kann ein Unternehmen Anreize geschlechterabhängig gestalten. Insbesondere besteht die Möglichkeit, dass das Servicepersonal differenzierter auf männliche Kunden zugeht, als auf die weiblichen. Sind die männlichen Kunden bspw. anfänglich einer Kundenbeziehung zurückhaltend, so sollte das Servicepersonal eine Beratung mit Sicherheitsübertragung bevorzugen. Hingegen fordern die aufgeschlossenen und aktiven Frauen viele Informationen für eine Überzeugung.

Nachdem das Potential der Differenzen zwischen Mann und Frau erläutert wurde, rückt im folgenden Abschnitt das Machtverhältnis als potentielle Anwendung in den Fokus.

4.2.2. Machtverhältnisse

Das Machtverhältnis in einer Beziehung kann symmetrisch oder unsymmetrisch sein. In einer symmetrischen Beziehung haben sich die Partner aneinander angepasst. Beide Partner streben nach einer Gleichberechtigung. Sobald jedoch das Machtverhältnis unausgeglichen ist, wird dieses als unsymmetrische Beziehung oder auch als Machtbeziehung bezeichnet. In einer Machtbeziehung kann aufgrund ungleicher Machtverhältnisse der eine Partner mehr als der andere aus der Bindung ziehen. Es herrscht dabei ein ständiger Machtkampf zwischen den Partnern (vgl. Heinzel, 1996, S. 29; Kliems, 2003, S. 52-60). Menschen mit einem geringen Selbstbewusstsein tendieren zu einer symmetrischen Beziehung, diejenigen mit hohem Selbstbewusstsein eher zu einer unsymmetrischen (vgl. Oyamot, Fuglestad & Snyder, 2010), indem sie nach mehr Macht gegenüber dem Partner streben. Diese Verhaltensweisen aus der sozialwissenschaftlichen Sicht bieten Potential für das Kundenbeziehungsmanagement, zum einen für die Kundenbindung und zum anderen für das Beschwerdemanagement. Die Maßnahmen der Kundenbindung könnten an den Typ Mensch angepasst werden, indem anfänglich in dieser Beziehung mithilfe von Interviews oder Befragungen herausgefunden wird, welches Machtverhältnis dieser Mensch bevorzugt. So kann das Unternehmen während der Beziehung bspw. einem selbstbewussten und kompetitiven Kunden das Gefühl von Macht übermitteln und einem zurückhaltenden eher das Gefühl von Gleichberechtigung und Sicherheit schenken. Mit dieser individuellen Betreuung bestünde die Wahrscheinlichkeit, dass die Kundenbeziehung länger erhalten bleibt.

Während des Beschwerdemanagements spielen die Machtverhältnisse ebenfalls eine große Rolle. Ist der beschwerende Kunde ein sehr selbstbewusster Mensch, kann der Servicemitarbeiter ihn mit Zustimmung, somit einer Machtübergabe, vorläufig beruhigen, um dadurch eine Konfliktlösung herbeizurufen und den Beziehungsabbruch zu verhindern. Bei Kunden, die nur ein geringes Selbstbewusstsein aufweisen, liegt demnach die Beschwerdewahrscheinlichkeit ebenfalls niedrig. Das ist, wie in Abschnitt 3.1.3. bereits erwähnt, eine der ungünstigsten Situationen für das Unternehmen. Um das zu verhindern, muss das Unternehmen speziell bei High-Inlvolvement Produkten die Beziehung unter dem Machtverhältnis Aspekt analysieren, um so in allen Situationen auf den Kunden eingehen zu können.

Anhand des Potentials der Erkenntnisse der Machtverhältnisse zwischenmenschlicher Beziehung lässt sich eine Optimierung im Beschwerdemanagement herbeiführen. Ebenfalls Unterstützung in der Kundenrückgewinnungsphase bietet die Adaption der Ergebnisse über unterschiedliche Arten des Verzeihens.

4.2.3. Unterschiede des Verzeihens

In Abschnitt 3.2.3. ist bereits erörtert worden, dass es beim Verzeihen fünf Arten von Kommunikation gibt. Das sind die konditionale, die minimierende und die explizite Kommunikation, sowie die Diskussion und die nicht-verbalen Anzeichen. Die konditionale Art verkörpert hierbei den rein sprachlichen Austausch, die explizite Kommunikation ist die Kombination aus verbaler Kommunikation mit einem weiteren Vorgehen, wie z.B. eine Umarmung, die die

Botschaft bestärkt. Des Weiteren dienen die minimierende Kommunikationsart und die nicht-verbalen Anzeichen häufig als indirekter Indikator für das Verzeihen, z.B. signalisiert Zuneigung Verzeihen und Abwendung eher kein Verzeihen. Bei einer Diskussion werden Meinungen und Standpunkte beider Partner ausgetauscht und man arbeitet auf eine Einigung, die für beide Partner akzeptabel ist, hin.

Bei Überschreitungen des Vertrauens eines Partners wird in Gesprächen häufig die konditionale Kommunikation anstelle der minimierenden gewählt. Das bedeutet, dass weniger über die Körpersprache, sondern hauptsächlich über den Inhalt der Aussage übermittelt wird. Beziehungsstärkend wirken die expliziten und die nicht-verbalen Verzeihensarten, da die Emotionen über die Kombination mit den Signalen der Körpersprache eindeutiger übermittelt werden können.

Mit diesen Ansätzen haben Waldron und Kelley (2005) impliziert, dass das Verzeihen kein rein psychologischer, sondern ebenfalls ein kommunikativer Prozess ist. Das zeigt, dass sich mit diesem Potential im Falle von Vertrauensmissbrauch weitere Optimierungen für das Rückgewinnungsmanagement erarbeiten lassen. Ist dem Servicemitarbeiter bspw. bewusst, dass diese Beschwerde nicht nur für Unzufriedenheit sondern auch zu einem Vertrauensmissbrauch beim Kunden geführt hat, so kann anhand der verschiedenen Arten der Kommunikation versucht werden, den Prozess des Verzeihens zu unterstützen. Sinnvoll wäre hierbei die explizite Kommunikation, da neben der Informationsübertragung auch die Körpersprache das Vertrauen zurückholen könnte.

Nachdem die bisherigen Adaptionen der Erkenntnisse aus der sozialpsychologischen Paar- und Beziehungsforschung auf das Kundenbeziehungsmanagement, ebenso wie weitere Möglichkeiten und Potentiale beleuchtet wurden, werden abschließend neben einem Fazit Implikationen für Forschung und Praxis abgeleitet.

5. Schlussbetrachtung

5.1. Fazit

Die vorliegende Arbeit hat sich zum Ziel gesetzt, bereits bestehende Literatur zu den Themengebieten Kundenbeziehungsmanagement und Paar- und Beziehungsforschung zu analysieren. Diese beiden Bereiche werden in einem Literaturüberblick nach äquivalenten Kriterien untersucht, um anschließend bisherige Adaptionen abzuleiten und darüber hinaus zukünftige Potentiale zu identifizieren.

Die wichtigsten Erkenntnisse der Analyse sollen im Folgenden nochmals kurz zusammengefasst werden. Das Ergebnis weist Übereinstimmungen bzgl. der enormen Relevanz von Kommunikation, Zufriedenheit, Vertrauen, physischer Attraktivität und Dauer in Beziehungen auf. Die Elemente Kommunikation, Zufriedenheit und Vertrauen wurden frühzeitig als Bindungsindikatoren identifiziert und im Beziehungsmarketing angewandt. Die Übertragung der physischen Attraktivität bei einer kurzfristigen Verliebtheit auf impulsive Käufe wird nicht nur bei Low Involvement-Produkten am „Point of Sale" verwendet. Es wurde bereits „Sex sells" in der Marketingstrategie eingesetzt. Dabei wird die Aufmerksamkeit der Kunden, hauptsächlich der männlichen, durch eine emotionale Ansprache, bspw. mithilfe erotischer Anreize, auf das Produkt geleitet.

5.2. Implikationen für Forschung und Praxis

Die Untersuchung weist gewisse Ansatzpunkte auf, die in zukünftigen Forschungsbeiträgen noch genauer betrachtet werden können. In Bezug auf die Dauer der Beziehung sind sich die Wissenschaftler bspw. noch uneinig. Hier besteht sowohl im wirtschaftlichen als auch im psychologischen Bereich Forschungsbedarf. Zusätzlich bestehen in den Bereichen der unterschiedlichen Geschlechter, der Machtverhältnisse und des Verzeihens Potentiale zur Adaption auf Kundenbeziehungen. Männer und Frauen können durch eine unterschiedliche Ansprache gezielter akquiriert werden. Machtverhältnisse in einer interpersonellen Beziehung werden von Charaktereigenschaften bestimmt, die ebenso in der Kundenbeziehung, insbesondere in Konfliktsituationen, beachtet und bewältigt werden müssen. Eine weitere Möglichkeit besteht für das Unternehmen darin, den Kunden bei Fragestellungen, die die Herausforderungen von morgen betreffen, stärker mit einzubeziehen, bspw. in Form von Ideenwettbewerben. Damit könnten die Kunden gezielter an das Unternehmen gebunden werden. Denn wurde das Vertrauen des Kunden erst einmal missbraucht, steht das Unternehmen vor der schwierigen Aufgabe, den Kunden als solchen wieder zurück zugewinnen.

Mithilfe dieser Informationen lassen sich von der Akquise bis zur Rückgewinnung effektive Maßnahmen erarbeiten, die oftmals eine Schulung des Servicepersonals erfordern. Diese stellen den Kontakt zum Kunden dar, auf den möglichst zunehmend eingegangen werden soll. An dieser Stelle muss das Unternehmen entscheiden, inwiefern dieser Aufwand Rentabilität und Erfolg verspricht.

Es lässt sich jedenfalls festhalten, dass sich eine Vielzahl von Erkenntnissen aus der sozialpsychologischen Paar- und Beziehungsforschung auf das Kundenbeziehungsmangement übertragen lassen. Mithilfe des Wandels vom Transaktionsmarketing hin zum Beziehungsmarketing können zwischen einer Kundenbeziehung und einer interpersonellen Beziehung mehrere Parallelen gezogen werden.

Abschließend kann man nur hoffen, dass sich Unternehmen in Zukunft Forschungsarbeiten bzgl. interpersoneller Beziehungen noch stärker öffnen, um zusätzliche Informationen zu diesem Themengebiet erheben zu können.

Literaturverzeichnis

Adams, R.G. & Blieszner, R. (1994). An Integrative Conceptual Framework for Friendship Research. *Journal of Social and Personal Relationships, 11, 2*, 163-184.

Anderson, E. (1998). Customer Satisfaction and Word-of-Mouth. *Journal of Service Research, 1, 1*, 5-17.

Ang, L. & Buttle, F. (2006). Managing For Successful Customer Acquisition: An Exploration. *Journal of Marketing Management, 22, 3/4*, 295-317.

Antón, C., Camarero, C. & Carrero, M. (2007). Analysing firms' failures as determinants of consumer switching intentions: The effect of moderating factors. *European Journal of Marketing, 41, 1/2*, 135-158.

Barlow, J. & Møller C. (2003). *Eine Beschwerde ist ein Geschenk.* Frankfurt: Redline.

Batislam, E. P., Denizel, M. & Filiztekin, A. (2007). Empirical validation and comparison of models for customer base analysis. *International Journal of Research in Marketing, 24, 3*, 201-209.

Battaglia, D. M., Richard, F. D., Datteri, D. L. & Lord, C.G. (1998). Breaking Up is (relatively) easy to do: A Script for the Dissolution of close relationships. *Journal of Social & Personal Relationships, 15, 6*, 829-845.

Baum, N. (2003). Divorce Process Variables and the Co-Parental Relationship and Parental Role Fulfillment of Divorced Parents. *Family Process, 42, 1*, 117-131.

Becker, J. U., Greve, G. & Albers, S. (2009), The impact of technological and organizational implementation of CRM on customer acquisition, maintenance, and retention. *International Journal of Research in Marketing, 26, 3*, 207-215.

Bono, J. E., Boles, T. L., Judge, T. A. & Lauver, K. J. (2002). The Role of Personality in Task and Relationship Conflict. *Journal of Personality, 70, 3*, 311-344.

Bruhn, M. (2009). *Relationship Marketing: Das Management von Kundenbeziehungen* (2.Auflage). München: Vahlen.

Byrne, D. (1997). An Overview (and Underview) of Research and Theory within the Attraction Paradigm. *Journal of Social & Personal Relationships, 14, 3*, 417-431.

Cao, Y. & Gruca, T. S. (2005). Reducing Adverse Selection through Customer Relationship Management. *Journal of Marketing, 69, 4*, 219-229.

Celuch, K., Bantham, J. H. & Kasouf, C. J. (2010). The role of trust in buyer–seller conflict management. *Journal of Business Research, 64, 10*, 1-17.

Chandrashekaran, M., Rotte, K., Tax, S. & Grewal, R. (2007). Satisfaction Strength and Customer Loyalty. *Journal of Marketing Research, XLIV*, 153-163.

Clark, C. L., Shaver, P. R. & Abrahams, M. F. (1999). Strategic Behaviors in Romantic Relationship Initiation. *Personality and Social Psychology Bulletin, 25, 6*, 709-722.

Claycomb, C. & Frankwick, G. L. (2010). Buyers' perspectives of buyer–seller relationship development. *Industrial Marketing Management, 39, 2*, 252-263.

Cooil, B., Keiningham, T. L., Aksoy, L. & Hsu, M. (2007). A Longitudinal Analysis of Customer Satisfaction and Share of Wallet: Investigating the Moderating Effect of Customer Characteristics. *Journal of Marketing, 71, 1*, 67-83.

Dagger, T. S., Danaher, P. J. & Gibbs, B. J. (2009). How Often Versus How Long: The Interplay of Contact Frequency and Relationship Duration in Customer-reported Relationship Strength. *Journal of Service Research, 11, 4*, 371-381.

Dallimore, K. S., Sparks, B. A. & Butcher, K. (2007). The Influences of Angry Customer Outbursts On Service Providers´ Facial Displays and Affective States. *Journal of Service Research, 10, 1*, 78-92.

Djikic, M. & Oatley, K. (2004). Love and Personal Relationships: Navigating on the Border Between Ideal and the Real. *Journal for the Theory of Social Behaviour, 34, 2*, 199-209.

Dindia K. & Baxter, L.A. (1987). Strategies for Maintaining and Repairing Marital Relationships. *Journal of Social and Personal Relationships, 4, 2*, 143-158.

Duck, S. W. (1982). A Topography of Relationship Disengagement and Dissolution. In Duck, S., Gilmour, R (Hrsg.), *Personal Relationships 4: Dissolving Personal Relationships*, New York, 67-85.

Eisingerich, A. B. & Bell, S. J. (2008). Perceived Service Quality and Customer Trust. *Journal of Service Research, 10, 3*, 256-268.

Evanschitzky, H., Groening, C., Mittal, V. & Wunderlich, M. (2011). How Employer and Employee Satisfaction Affect Customer Satisfaction: An Application to Franchise Services. *Journal of Service Research, 14, 2*, 136-148.

Fink, K. J.(2008), Die klassischen Methoden der Neukundengewinnung, In *Empfehlungsmarketing* (4. Auflage). Wiesbaden: Gabler.

Fruchter, G. E. & Zhang, Z. J. (2004). Dynamic Targeted Promotions: A Customer Retention and Acquisition Perspective. *Journal of Service Research, 7, 1*, 3-19.

Gilbertson, J., Dindia, K. & Allen, M. (1998). Relational Continuity Constructional Units and the Maintenance of Relationships. *Journal of Social and Personal Relationships, 15, 6,* 774-790.

Gottman, J. M. & Levenson, R. W. (1992). Marital processes predictive of later dissolutions: Behavior, physiology and health. *Journal of Personality and Social Psychology, 63, 2,* 221-233.

Grammer, K. (1998). *Signale der Liebe. Die Biologischen Gesetze der Partnerschaft* (S. 47-53). München: dtv.

Grayson, K. (2007). Friendship versus Business in Marketing Relationships. *Journal of Marketing, 71, 4,* 121-139.

Grégoire, Y., Tripp, T. M. & Legoux, R. (2009). When Customer Love turns into Lasting Hate: The Effects of Relationship Strength and Time on Customer Revenge and Avoidance. *Journal of Marketing, 73, 6,* 18-32.

Griffith, D. A. (2002). The role of communication competencies in international business relationship development. *Journal of World Business, 37, 4,* 256-265.

Grönroos, C. (1994). From Marketing Mix to Relationship Marketing: Towards a Paradigm Shift in Marketing. *Management Decision, 32, 2,* 4-20.

Grosse-Holtforth, M., Pincus, A. L., Grawe, K., Mauler, B. & Castonguay, L. G. (2007). When What You Want is not What You Get: Motivational Correlates of Interpersonal Problems in Clinical and Nonclinical Samples. *Journal of Social and Clinical Psychology, 26, 10,* 1095-1119.

Gustafsson, A., Johnson, M. D. & Roos, I. (2005). The Effects of Customer Satisfaction, Relationship Commitment Dimensions, and Triggers on Customer Retention. *Journal of Marketing, 69, 4,* 210-218.

Hays, R. B. (1984). The Development and Maintenance of Friendship. *Journal of Social and Personal Relationships, 1, 1,* 75-98.

Heinzel, F. (1996), Macht und Autorität, In *Management ist nicht nur Menschenführung: Theorie und Praxis der Management- und Führungskräfteentwicklung* (S. 29–38). Wien: Expert.

Hogan, J. E., Lemon, K. N. & Libai, B. (2003). What Is a True Value of a Lost Customer? *Journal of Research, 5, 3,* 197-208.

Homburg, C. (2008). Theoretische Perspektive zur Kundenzufriedenheit, In Homburg, C. (Hrsg.), *Kundenzufriedenheit* (7. Auflage) (S. 19-51). Wiesbaden: Gabler.

Homburg, C. & Fürst, A. (2007). See no evil, hear no evil, speak no evil: a study of defensive organizational behavior towards customer complaints. *Journal of the Academy of Marketing Science*, *35, 4,* 523-536.

Homburg, C. & Krohmer, H. (2009a). Das Verhalten der Konsumenten, In Homburg, C. (Hrsg.), *Marketingmanagement* (3. Auflage) (S. 25-122). Wiesbaden: Gabler.

Homburg, C. & Krohmer, H. (2009b), Einsatz des Marketingmix im Kundenbeziehungsmanagement, In Homburg, C. (Hrsg.), *Marketingmanagement* (3. Auflage) (S. 902-923). Wiesbaden: Gabler.

Homburg, C., Hoyer, W. D. & Koschate, N. (2005). Customers´ Reactions to Price Increases: Do Customer Satisfaction and Perceived Motive Fairness Matter?. *Journal of the Academy of Marketing Science*, *33, 1,* 36-49.

Hui, C. H., Lau, F. L. Y., Tsang, K. L. C. & Pak S. T. (2011), The Impact of Post-Apology Behavioral Consistency on Victim´s Forgiveness Intention. *Journal of Applied Social Psychology*, *41, 5,* 1214-1236.

Karande, K., Magnini, V. P. & Tam, L. (2007). Recovery Voice and Satisfaction After Service Failure: An Experimental Investigation of Mediating and Moderating Factors. *Journal of Service Research*, *10, 2,* 187-203.

Kleinaltenkamp, M., Griese, I. & Klein, M. (2008). Wie Kundenintegration effizient gelingt. *Marketing Review St. Gallen*, *2,* 40-43.

Kliems, D. (2003). *Macht in der Partnerschaft* (S. 52–60). Norderstedt: Grin.

Kopp, J., Lois, D., Kunz, C., & Becker, O. A. (2010), Verliebt, verlobt, verheiratet, In *Institutionalisierungsprozesse in Partnerschaften* (S. 43-54). Wiesbaden: Springer.

Kroeber-Riel, W. & Weinberg, P. (2009). *Konsumentenverhalten* (9. Auflage). München: Vahlen.

Kumar, V., Petersen, J. A. & Leone, R. P. (2010). Driving Profitability by Encouraging Customer Referrals: Who, When, and How. *Journal of Marketing*, *74, 5,* 1-17.

Leone, C. & Hawkins, L. B. (2006). Self-Monitoring and Close Relationships. *Journal of Personality*, *74, 3,* 739-778.

Lewis, M. (2004). The Influence of Loyalty Programs and Short-Term Promotions on Customer Retention. *Journal of Marketing Research*, *XLI*, 281-292.

Lewis, M. (2006a). The effect of shipping fees on customer acquisition, retention, and purchase quantities. *Journal of Retailing*, *82, 1,* 13-23.

Lewis, M. (2006b). Customer Acquisition Promotions and Customer Asset Value. *Journal of Marketing Research, XLIII,* 195-203.

Lutz-Zois, C. J., Bradley, A. C., Mihalik, J. L. & Moorman-Eavers, E. R. (2006). Perceived Similarity and relationship success among dating couples: An idiographic approach. *Journal of Social and Personal Relationships, 23, 6,* 865-880.

March, J. G. & Simon, H. A. (1967). *Organisation und Individuum: menschl. Verhalten in Organisationen.* Wiesbaden: Gabler.

Meeks, B. S., Hendrik, S. S. & Hendrik, C. (1998). Communication, Love and Relationship Satisfaction. *Journal of Social and Personal Relationships, 15, 6,* 755-773.

Metts, S., Cupach, W. R. & Bejlovec, R. A. (1989). I Love You Too Much To Ever Start Liking You: Redefining Romantic Relationships. *Journal of Social and Personal Relationships, 6, 3,* 259-274.

Mittal, V., Huppertz, J. W. & Khare, A. (2008). Customer complaining: The role of tie strength and information control. *Journal of Retailing, 84, 2,* 195-204.

Morgan, N. A. & Rego, L. L. (2005). The Value o Different Customer Satisfaction and Loyalty Metrics in Predicting Business Performance. *Marketing Science, 25, 5,* 426-439.

Musalem, A. & Joshi, Y. V. (2009). How Much Should You Invest in Each Customer Relationship? A Competitive Strategic Approach. *Marketing Science, 28, 3,* 555-565.

Muthukrishnan, A. V. & Chattopadhyay, A. (2007). Just Give Me Another Chance: The Strategies for Brand Recovery from a Bad First Impression. *Journal of Marketing Research, XLIV,* 334-345.

Oyamot Jr., C. M., Fuglestad, P. T. & Snyder, M. (2010). Balance of Power and influence in relations: The role of self-monitoring. *Journal of Social & Personal Relationships, 27, 1,* 23- 46.

Palmatier, R. W., Dant, R. P., Grewal, D. & Evans K. R. (2006). Factors Influencing the Effectiveness of Relationship Marketing: A Meta-Analysis. *Journal of Marketing, 70, 4,* 136-153.

Powers, T. L. & Reagan, W. R. (2007). Factors influencing successful buyer–seller relationships. *Journal of Business Research, 60, 12,* 1234-1242.

Rams, W. (2001). *Kundenbindung im deutschen Mobilfunkmarkt: Determinanten und Erfolgsfaktoren in einem dynamischen Marktumfeld* (S. 44). Wiesbaden: Deutscher Universitäts-Verlag.

Reinartz, W., Krafft, M. & Hoyer, W. D. (2004). The Customer Relationship Management Process: Its Measurement and Impact on Performance. *Journal of Marketing Research, XLI,* 293-305.

Ringberg, T., Odekerken-Schröder, G. & Christensen, G. L. (2007). A cultural Model Approach to Service Recovery. *Journal of Marketing, 71, 3,* 194-214.

Rusbult, C. E. & Buunk, B. P. (1993). Commitment Processes in Close Relationships: An Interdependence Analysis. *Journal of Social and Personal Relationships, 10, 2,* 175-204.

Sanderson, C. A., Keiter, E. J., Miles, M. G. & Yopyk, D. J. A. (2007). The association between intimacy goals and plans for initiating dating relationships. *Personal Relationships, 14, 2,* 225-243.

Sanford, K. & Rowatt, W. C. (2004). When is negative emotion positive for relationship? An investigation of married couples and roommates. *Personal Relationships, 11, 3,* 329-354.

Schweidel, D. A., Fader, P. S. & Bradlow, E. T. (2008). A Bivariate Timing Model of Customer Acquisition and Retention. *Marketing Science, 27, 5,* 829-843.

Seiders, K., Voss, G. B., Grewal, D. & Godfrey, A. (2005). Do Satisfied Customer Buy More? Examining Moderating Influences in a Retailing Context. *Journal of Marketing, 69, 4,* 26-43.

Sprecher, S., Felmlee, D., Metts, S., Fehr, B. & Vanni, D. (1998). Factors associated with distress following the break up of close relationships. *Journal of Social and Personal Relationships, 15, 6,* 791-809.

Statistisches Bundesamt Deutschland (10.02.2011). *Gebiet und Bevölkerung - Eheschließungen und Ehescheidungen.* Verfügbar unter: http://www.statistik-portal.dc/Statistik-Portal/de_jb01_jahrtab3a.asp [09.Juli.2011].

Sun, B. (2006). Technology Innovation and Implications for Customer Relationship Management. *Marketing Science, 25, 6,* 594-597.

Thomas, J. S., Blattberg, R. C. & Fox, E. J. (2004). Recapturing Lost Customers. *Journal of Marketing Research, XLI,* 31-45.

Van Doorn, J. & Verhoef, P. C. (2008). Critical Incidents and the Impact of Satisfaction on Customer Share. *Journal of Marketing, 72, 4,* 123-142.

Villanueva, J., Yoo S. & Hanssens D. (2008). The Impact of Marketing-Induced Versus Word-of-Mouth Customer Acquisition on Customer Equity. *Journal of Marketing Research, XLV,* 48-59.

Verhoef, P. C. (2003). Understanding the Effect of Customer Relationship Management Efforts on Customer Retention Customer Share Development. *Journal of Marketing, 67, 4,* 30-45.

Voorhees, C. M. & Brady, M. K. (2005). A Service Perspective on the Drivers of Complaint Intentions. *Journal of Service Research, 8, 2,* 192-204.

Voorhees, C. M., Brady, M. K. & Horowitz, D. M. (2006). A Voice From the Silent Masses: An Exploratory and Comparative Analysis of Noncomplainers. *Journal of the Academy of Marketing Science, 34, 4,* 514-527.

Voss, G. B. & Voss, Z. G. (2008). Competitive Density and the Customer acquisition-retention Trade Off. *Journal of Marketing, 72, 6,* 3-18.

Voss, G. B., Godfrey, A. & Seiders, K. (2010). How Complementarity and Substitution Alter the Customer Satisfaction-Repurchase Link. *Journal of Marketing, 74, 6,* 111-127.

Waldron, V. R. & Kelley, D. L. (2005). Forgiving Communication as a response to relational transgression. *Journal of Social and Personal Relationships, 22, 6,* 723-742.

Waller, K. L. & MacDonald, T. K. (2010). Trait Self-Esteem Moderates the Effect of Initiator Status on Emotional and Cognitive Responses to Romantic Relationship Dissolution. *Journal of Personality, 78, 4,* 1271-1299.

Wangenheim, F. & Bayón, T. (2007). The chain from customer satisfaction via word-of-mouth referrals to new customer acquisition. *Journal of the Academy of Marketing Science, 35, 2,* 233-249.

Ward, J. C. & Ostrom, A. L. (2006). Complaining to the Masses: The Role of Protest Framing in Customer-Created Complaint Web Sites. *Journal of Consumer Research, 33, 2,* 220-230.

Watson, D., Hubbard, B. & Wiese, D. (2000). General Traits of Personality and Affectivity as Predictors of Satisfaction in Intimate Relationships: Evidence from Self- and Partner-Ratings. *Journal of Personality, 68, 3,* 413-449.

Weiner, B., Graham, S., Peter, O. & Zmuldlnas, M. (1991). Public Confession and Forgiveness. *Journal of Personality, 59, 2,* 281-312.

Weisz, C. & Wood, L. F. (2000). Social Identities and Friendships: A Longitudinal Study of Support for Social Identities. *Journal of Social Behavior & Personality, 22, 3,* 441-458.

Wiseman, J. P. (1986). Friendship: Bonds and Binds in a Voluntary Relationship. *Journal of Social and Personal Relationships, 3, 2,* 191-211.

Witte, E. H. & Putz, C. (2003). *Paarbeziehungen als Mikrosysteme.* HAFOS NR. 44, Psychologisches Institut I der Universität Hamburg.

Worthington, E. L. (1998). An empathy-humility-commitment model of forgiveness applied within family dyads. *Journal of Family Therapy, 20, 1,* 59-76.